兽药经销商

实战经营宝典

肖一刀 著

民主与建设出版社

·北京·

© 民主与建设出版社，2020

图书在版编目（CIP）数据

兽药经销商实战经营宝典 / 肖一刀著. —北京：
民主与建设出版社，2020.8

ISBN 978-7-5139-3195-3

Ⅰ.①兽… Ⅱ.①肖… Ⅲ.①兽用药—市场营销学
Ⅳ.①F763

中国版本图书馆CIP数据核字（2020）第165092号

兽药经销商实战经营宝典
SHOUYAO JINGXIAOSHANG SHIZHAN JINGYING BAODIAN

著　　者	肖一刀	
责任编辑	刘　芳	
封面设计	中尚图	
出版发行	民主与建设出版社有限责任公司	
电　　话	（010）59417747　59419778	
社　　址	北京市海淀区西三环中路10号望海楼E座7层	
邮　　编	100142	
印　　刷	河北盛世彩捷印刷有限公司	
版　　次	2020年9月第1版	
印　　次	2020年9月第1次印刷	
开　　本	880mm×1230mm　1/32	
印　　张	7	
字　　数	134千字	
书　　号	ISBN 978-7-5139-3195-3	
定　　价	68.00元	

注：如有印、装质量问题，请与出版社联系。

　　中国畜牧业经过 30 余年的高速发展，行业日益成熟。畜牧业链条中有一个发展环节特别重要，即兽药经销商。从业人员大部分来自兽医门诊、技术服务公司或养殖合作社，他们为一线养殖户，为养殖场提供技术、诊疗、药品、饲料等服务，确保厂家的产品到养殖端口的合理应用，成为为养殖业保驾护航的铁军，在中国畜牧业蓬勃发展的历史进程中起着举足轻重的作用。然而，随着社会大趋势的快速发展，处在生产一线的兽药经销商在应对养殖业的变化上渐渐显得有些吃力。

　　兽药经销商当下遇到的棘手问题有：大型养殖场不愿与其合作，大客户流失严重，新客户开发速度慢；小散户越来越少，中大型养殖场越来越多，客户数量始终在萎缩；门店产品价格趋于透明化，利润越来越低；市场欠款时有发生，越积越多，严重影响门店经营；电商的加入导致市场越来越乱，养殖户对门店的忠诚度亦越来越突破经销商的心理底线；销售队伍建立不起来，始终以夫妻店运作为主导，不善管理和运营；市场缺乏规划，没有思路，没有方向；缺乏有效的市场运作模式，与竞争对手区别不大，同质化严重；赚钱越来越难，压力越来越大……

除了以上问题，在社会快速迭代过程中，出现了许多新颖的营销模式，如电话营销、网络电商，乃至今天的短视频营销。新型从业者把产品通过移动互联网推送给养殖户，价格自然低很多，传统的经销商猛然失去了优势，销量迅速下滑。随着规模化、集约化养殖场越来越多，兽药企业成立直销部门，直接供给规模化养殖场，并且还能提供完善的售后服务，养殖场也更愿意与兽药企业直接合作。加之许多经销商不思进取，缺乏创新，致使传统的服务无法满足养殖场的需求，业绩自然是跌落谷底。

当业界一片哀鸿之际，一部分经销商正随着市场竞争的加剧而不断强化自我，密切关注市场的演进，及时捕捉那些不易觉察的市场机会，逐步改进自身的管理，强化上下游所看中的竞争能力，努力将自身打造为区域市场的霸主。

笔者常年走访市场，结交了许多成功的经销商，并深度服务于一些具有潜质的经销商，助力他们迈入千万级的朋友圈，除传授有关业绩增长的技巧和方法外，还指导经销商系统运营门店，总结了诸多兽药经销商超级增长和快速稳步发展的策略。然而，个人的力量始终有限，笔者愿把这近20年的经验整理成书，为更多的兽药经销商出谋划策，提供借鉴，助其与时俱进，快速实现业绩增长。

基于此，本书将着重分析、梳理兽药经销商的困局和现状，结合笔者服务畜牧业近20年的实战经验，从门店定位、门店产品架构、品牌战略、客户管理、团队打造、运营智慧、思维升级、服务升级等方面，以实际工具和落地方法来帮助兽药经销商解决发展问题，关于当下最时兴的短视频营销，本书也有所涉及。

阅读本书可为以下问题提供解决之道：

欠款问题：门店通过方案化运作，最终实现养殖户不再拖欠经销商货款，经销商反而有可能会欠养殖户的货。

利润问题：从发展的角度去规划产品，通过全新的市场盈利模式解决门店利润问题，有了利润，门店才有旺盛的生命力和活力。

忠诚度问题：让养殖户一直以门店为中心点，不断提高养殖场的经济效益，让门店成为养殖户盈利的强有力后盾。

销量问题：大量的实战销售技巧让门店不再为销量而发愁，现学现用，立竿见影。

品牌问题：有品牌意气风发，没品牌卑躬屈膝，打造门店品牌、提高门店知名度，打造门店的核心竞争优势。

缺乏团队问题：通过具体方法和策略，协助门店培养一支能征善战的销售团队，彻底解除夫妻店经营的魔咒。

笔者深谙，并非经销商不愿做出改变，而是没有找到良好的方法和路径。

本书系统地讲解了兽药经销商的运营法则，为当下兽药经销商运营提供了一种思路、一种见解，以及诸多方法和技巧，是一本具有实操意义的兽药经销商运营教科书！让每个有理想、有抱负的经销商快速发展，继而成为养殖业的守护者。

鉴于笔者知识储备有限，还有许多不足之处，愿通过本书的出版和更多经销商交流切磋，共同推进畜牧业的稳定发展，服务指导养殖业。

目 录 Contents

1

3

外部环境对经销商的影响

一、政策监管越来越规范

1. 兽药 GMP 的规范

《兽药生产质量管理规范》（简称：兽药 GMP），该规范的出台过滤掉了一部分不规范、浑水摸鱼的厂家，使上游供应商（厂家）越来越正规，厂家之间的竞争也趋于有序，由原来的价格战逐步演变为品牌战略、科研技术、产品工艺、产品性价比、营销模式、技术服务方面的竞争。

厂家的日趋规范直接改变了经销商的关注点，由原来的产品价格、销售返利逐步转变为谁能够提供更适应市场运营的独特产品、谁能够提供协助门店发展策略及市场共赢方案、谁掌握了全新的商业运作模式，可以帮助经销商轻松盈利，并具有可持续性。

2. 兽药 GSP 的规范

首先，兽药 GSP（兽药经营质量管理规范）的规范，更多的是一种责任。规范经营有利于兽药经销商有序发展，更有利于养殖行业健康发展，原来处于打游击状态，没有证件、没有合法手续的经销商要办理正规手续，管理部门依法可查，用户依法可追，经销商有了合法合规的手续才能放心大胆经营，才会有更多的发展机会。

其次，门店销售的产品也将会越来越规范，致使前几年出现的"特效药"逐渐退出历史舞台。这不仅对门店技术的要求越来越高，同时也会因为没有"特效药"卖，对经营产品的能力提出更大的要求。

再次，兽药 GSP 要求兽医开处方必须要具有执业兽医师证，须持证上岗，一些没有执业兽医师证的门店将会慢慢淡出市场。

最后，兽药门店必须具有齐全的证件，特别是疫苗证，否则不能销售疫苗。这会过滤掉 90% 以上的兽药门店。

3. 产品规范

第一，门店禁用原料药。兽用原料药只能由原料商卖给厂家，经销商不能单独销售，但兽用原料药是很多门店的竞争法宝，随着可追溯新政策的实施，原料药慢慢淡出人们的视线，同时也减少了兽药门店打擦边球的行为。

第二，抗病毒化药退市。兽医临床使用的抗病毒化药退出市场。利巴韦林、金刚烷胺、病毒灵等产品的退出市场，对兽医的治疗技术也是一个很大的考验。之前，在大复方的条件下谁都会看病，分不出高低，然而，随着兽用药品管理逐渐规范，需要具备较高的诊疗技术才能应对。

第三，出现"无抗大趋势"。随着社会发展，人们对健康食品、无抗食品的需求日益增加。国家农业农村部已发布公告，自2020年元旦起，我国饲料中全面禁止添加抗生素，减少滥用抗生素造成的危害，维护动物源食品安全和公共卫生安全。无抗养殖成为大势所趋，对此，依赖治病为主的兽药经销商需要积极面对市场需求带来的变化。

二、市场信息透明化

1. 养殖场信息的透明化会引发更多竞争

随着大数据的应用，电话营销厂家非常容易获取养殖场老板的电话，养殖场老板平均每天的电话量在5~10个。因此，相当一部分销售份额会被电话销售厂家拉走。

微信、QQ、短视频等社交工具的普及，各种社群应运而生，欣欣向荣，导致养殖户与外界联系得越来越频繁，各种电商、电销采取全天候、全方位的轰炸策略，导致市场份额进一步缩水。

目前，很多养殖场、养殖合作社都以企业的形式注册。各大厂家从单纯通过传统模式销售转向多渠道销售，原来只有经销商之间具有竞争关系，现在出现经销商与本地经销商、厂家、电销、电商等多方竞争的局面。

2. 产品信息的透明化

第一，产品配方信息透明化。早几年，产品配方是厂家的一级机密，随着兽药典发布实施，每个厂家生产的产品都是同一种产品，同一种成分，也即同一个配方，导致销售透明化。

第二，产品价格透明化。目前，常规产品如阿莫西林、氟苯尼考、多西环素、磺胺六甲氧等的价格基本透明，而这些产品又是治疗很多疾病的关键药品。价格的透明意味着门店治疗产品的利润优势将不再存在。

第三，销售政策透明化。随着电商、电销的加入，养殖户开始向兽药门店看齐，向厂家索要返利；企业给返利，逼得兽药门店也跟着给养殖户返利，致使门店利润直线下降。

三、电商、电销的优势导致门店面临竞争巨大

电销：企业通话电话推销的方式向养殖户销售产品。

电商：企业通过互联网渠道向养殖户销售产品，比如淘宝等。

1. 电销模式的优势

沟通方便。现在的即时通信软件多如牛毛，人际交流变得异常迅捷。门店人员与养殖户之间的沟通时间有限，而电销人员则是专职沟通，在时间方面比门店更具优势。

客户开发速度快。兽药门店人员每天人均跑上 10 个养殖场就相当不错了，而电销人员每天人均要打 100 个电话，效率是门店人员的 10 倍。

电销人员维护的养殖户数量大。通常情况下，一个兽药夫妻店维护养殖户的平均量在 150 个左右，而电销人员人均维护量在 350 个左右，是门店的 2 倍以上。

2. 企业电销政策优势

电销成本低。电销人员使用电信电话费用 600 元 / 年，而门店每天每辆车消耗的费用都在 100 元以上。

电销产品空间大。电销厂家的定价在经销商零售价的基础上还要低 20% 左右。经销商从厂家按出厂价拿货，而电销人员在厂价之内有提成，其中还有差价。

电话销售政策灵活。每个销售人员都有一定的活动空间，而经销商只能拼自己的人脉关系、区域信息差异、技术实力、服务水平，在销售活动力度上没有太大优势。

3. 电销人员优势

市场需求。很多养殖户整天在养殖场没有机会接触到厂家直销，好不容易联系一个自称兽药厂家的业务员，感觉一下子找到了能买便宜货的渠道，非常兴奋，认为这就是网上购物，感觉很时尚、很有优越感，使他们愿意和厂家人员接触。

心理需求。90% 以上的电销人员是年轻人，而养殖场老板整天只在自家养殖场内转，很少外出，闲暇之余能和年轻人聊聊天，了解一下全国各地风土人情。这一优势是门店无法具备的。

信息需求。电话销售人员均是经由公司培训，向养殖户提供行业信息和养殖技术。这类信息都是有统一标准的，具有普适性。养殖场老板在家就能学习技术并了解全国各地的信息，购买产品自然就水到渠成了。

4. 电商优势

价格便宜。电商一般是通过天猫、淘宝、拼多多等网络平台销售兽药产品，最大的优势就是价格便宜，便宜到难以置信，甚至为了拉流量，有些单品可以低于成本价销售，这对传统经销商是极大的冲击，也是导致价格透明的根本原因。

四、经销商之间跨区域销售导致竞争加剧

1. 经销商之间跨区域销售已成为趋势

随着"村村通"工程的普及，基本上每个村的路面都得以硬化，这在很大程度上缩短了路上消耗的时间。在没有修路时，每天只能跑 2~3 个乡镇，现在可以跑 2~3 个县城。交通便利加快了经销商跨区域销售的进程。

随着社交软件被广泛使用，每个经销商手里一般都有 1~5 个微信群，有的可能会更多。而每个养殖户手机上至少也有 20 个以上的微信群，有地方群（当地以县城为单位），也有大群（全省群、全国群）。沟通渠道的迅捷也加快了跨区域营销的进程。

信息的普及直接导致一些常规产品，如阿莫西林、强力霉素、氟苯尼考等价格的透明化，谁卖得便宜，谁就会获得

养殖场的青睐。物流的发达也有助于跨区域销售货物的流通。

2. 客户群发生变化

一个区域内总养殖数量没有下降，甚至还有上升趋势，但规模化养殖场的占比越来越大，而这些养殖场又不愿意和经销商直接合作，导致区域内很多经销商"吃不饱"，只有去其他市场找"食物"。

区域内零散养殖户数量在不断减少，散户的抗风险能力弱，人工费用上升，养殖还不如打工。加之国家越来越重视环保问题，而很多养殖场没有环保证，只能拆除。散户是经销商的主要客源，主流客源少了，就只能跨区域找。

五、大客户服务能力不够，危机意识差

1. 缺乏市场危机意识

目前，仍不乏一些传统经销商还沉浸在往日的辉煌中，对当下的市场变化没有关注，自以为养殖户非常认可自己，每月也能销个三五十万元，生活还不错。至于那些比较难打交道的大养殖场，既然开发不下来，干脆就不去拜访了，反正也有生意做。

2. 缺乏大客户服务能力

大养殖场和散户的关注点不一样。这么多年来，经销商服务的一直都是散户，始终都在关注疾病治疗与价格，而大养殖场关注的往往是产品价值和服务价值。

六、销售费用越来越高，产品利润越来越透明

1. 员工工资不断上涨

2004 年，雇用一个司机的成本是 500 元 / 月，2010 年涨为 2000 元 / 月，2017 年已经不低于 3000 元 / 月了。技术老师的工资飙升得更快。然而，自 2004 年截至现在，门店销量的变化则不大，无形之中加大了门店的销售费用。

2. 产品利润透明化

各门店产品的同质化比较严重，80% 以上的产品价格接近透明，造成销售利润严重下滑。

来自门店内部因素的制约

一、客户开发及维护困难重重

1. 老客户流失严重

随着养殖经验及经济实力的提高，一些养殖场不断扩大规模。比如 2004 年养了 2000 只蛋鸡，2017 年就发展到 50 000 只。这种现象比比皆是。因为养殖人工成本不断上升，若不扩大规模，养殖场也面临被淘汰的风险。这就造成 2004 年时该客户还和门店合作非常紧密，但到了 2017 年就很少去门店买产品了，最后，合作关系荡然无存。原因就在于养殖

场在不断升级，门店却始终原地踏步，跟不上养殖场的需求，那么，淘汰的不是养殖场，而是经销商！

散户抗风险的能力比较弱，遇到不好的行情（如2017年3~5月鸡蛋的价格降到1.6元/斤，每斤鸡蛋赔1元），散户就是"能赚得起，绝对赔不起"的典型。很多散户就是在这样的背景下一下子被压垮了，从此改行或外出打工。这些都是门店的老客户，却因为行情的原因退出了市场。

之前的老客户因对外沟通有限，又不懂疾病和饲养管理，接触的技术老师就是经销商，所有的饲养标准都以门诊兽医所说为准，对方说用什么药就用什么药，议价能力非常低，完全处于被动地位。随着互联网时代的到来，外界的养殖信息不断涌入，促使养殖户接触的信息越来越多，可选择的途径也越来越多。

2. 新客户开发太慢

兽药门店以夫妻店形式居多，占比80%以上。而夫妻店最大的障碍就是维护客户的数量有限。每家店的维护量在150个左右，太多的话就会应接不暇，不能提供精准服务。倘若门店内增加一个优秀的技术老师，客户就会增加100个，一般情况都是遵循这个规律。

市场运作同质化太严重。目前，门店就是天天开车转市场去推销产品，接到养殖户电话去看个病，偶尔开个促销会，也就没有其他方式了。他们几乎没有研究过市场，没有计划，没有思路，没有模式，基本上是持"庄稼活不用学，人家咋办咱咋办"的应对态度。

门店缺乏对客户的定位，大户、小户一起做，只知道拉关系、跑市场，根本不了解自己的服务能力，也不清楚目标客户的需求，更不要提对目标客户制定营销策略和方法，当然也谈不上所谓的战略和措施了。

3. 缺乏维护客户的方法和手段

第一，对市场运作没有规划。今年我们的销售目标是多少？我们的目标客户有多少个？核心客户要维护到多少个？今年需要新开发多少个客户？核心客户要培养到每月每个客户达到多少销量？我们运作核心客户的措施和方案是什么？客户维护的时间怎么安排？我们的团队怎么分工？人员如何管理？如何考核？这些问题都需要有明确的规划。

第二，客户管理方面也很混乱。甚至不知道目标客户是谁，对客户的基本信息无从掌握，如客户年龄、生日、家庭情况、养殖日龄、资金状况、个人经历、爱好等。针对不同的客户，操作方法亦不同。

第三，缺乏管控客户的手段。大客户、核心客户要花费80%的时间和精力，其他客户花费20%的时间。客户要进行分级管理，建立客户档案。把客户分为三个等级，A级为大客户、核心客户，该级别的客户只占门店客户总量的20%，却能给门店带来80%的销量。其次是B级客户、C级客户。

二、门店不懂运营思维

1. 无超前的运营思路和手段

有些经销商只知埋头苦干，不知抬头看路。早上 6:00 起床，晚上很晚回家，看似很辛苦，效率却非常低。他们不懂得如何规划客户和时间，往往在一个客户那里处理一个问题就需要 1~3 个小时，加上路上的时间，每天最多处理 5 个客户，完全谈不上效率。这类经销商虽然也赚钱，却挣得很辛苦，自己也很苦恼，想出去学习进修或办点其他事情都没时间。

2. 不懂得利用现代化社交工具

现在，兽药经销商建的微信群基本上已经变成死群，活跃度非常差，很少有养殖户在里面说话，一发红包全部都出来了，抢完红包马上沉水，甚至有些群发红包也没人领，形同虚设。而微信群、QQ 群、直播、短视频等营销手段是目前最有效的营销方式，善加运用的话会起到事半功倍的效果。跨区域营销全靠这些社交工具，它们带来的效率要比传统运作模式提高 10 倍都不止。

3. 缺乏利润规划和设计

很多经销商不知道自家门店的盈利点在哪里。销量和利润都是计算出来的，每个门店都有自身的优势，要找准这些优势，并把它们发挥到极致。根据这些优势，设计最佳的产品销售模式，找到自己产品的利润点，利润自然就滚滚而来了。

三、赊销严重导致欠款风险加大

1. 最大的问题——赊销

很多经销商都被一个"怕"字压垮。不赊销，怕养殖户不买账，怕竞争对手赊销，自己被干掉。买卖双方是平等的，若一方出现失衡，则交易就会停止。养殖户赊销在 1 万元以内都没问题，随时都会还款；但超过 2 万元，甚至十几万元，这个账就非常难要了，要得急容易得罪客户，要得慢则一直不会有结果，而且会出现一种现象，从你开始要账那一刻起，人品好的养殖户则不再从你那里进货，人品差的养殖户则继续朝你进货，就是要钱没有，经销商变得非常被动。反观那些一直现款支付的客户则非常稳定，合作这么多年从来没出现过问题，凡是合作出现问题的都是从赊销开始的。

还有一种现象，原本是门店的忠实客户，由于赊销，这个养殖户突然很少去门店买药了。不是养殖户不需要产品了，而是因为欠钱，门店一直在催款，对方不好意思再来这里拿药，而是去竞争对手那里现金去买药了。因何会出现这种现象？其实也很好理解，养殖户来门店买药，如果给现金，那么之前的欠账是不是要先还上？很多养殖户不愿面对这种尴尬，所以选择去竞争对手那里拿药。是我们用赊销的方式亲手把自己的客户送到竞争对手那里。

2. 缺少有效的收款模式

也许有经销商朋友会说："不是我们愿意赊销，只是我们没有好的收钱方法和思路。"其实，收款是所有门店普遍存在的问题。要解决这个问题也不难，要从根源着手，找到欠款的源头，收款就会变成常态化。

首先，需要还原一下欠款的情景：经销商看完病给养殖户开出解决方案，从车上卸下产品，养殖户就说了，"××老板，最近手头比较紧，家里鸡蛋没有处理，等过几天卖了鸡蛋再给你"。一般经销商的回答是"那行，先记账上，你先用吧"，或者"最近门店资金也比较紧张，从厂家进货都是现金，厂家都不赊账，我们压力也比较大，你看晚几天过来拿"。账就是这样被经销商赊销出去的，越累积越多，严重时会影响门店的经营。解决赊销问题有两个途径：一种是利用团队分工收款模式，另一种是会议营销收款模式，后面章节会详细叙述。

3. 不懂运营之道，财务意识淡薄

在这个世界上有两种职业是没法教的：一种是老板，因为没有老师，老板的阵亡率在95%以上，很多老板由于缺乏经验，导致经营不善而退出市场；还有一种是家长，在没有经验的情况下直接上岗。门店经营其实就是老板创业，很多老板的财务意识都非常淡薄，认为只要把产品送到养殖户手里销售就产生了，其实不然。

经营有两个目标：一个是经营现金，另一个是经营利润。当下市场上99%的门店经营的都是利润，普遍认为只有高差价、高利润，门店才能经营长久。实则恰恰相反。门店运营时间长短和现金流有关，门店运营失败是因为现金流断裂，

第一章 面临问题

所以现金流是一个门店的命脉。良性运作是可以提前收预付款的，而这些门店的生命力都是最旺盛的。

四、缺乏门店管理知识和经验

1. 不知道自己需要什么样的团队

每一个夫妻店都有一个梦想：拥有自己的销售团队，不再是单打独斗，可以利用团队轻松赚钱！梦想是美好的，现实是残酷的！很多夫妻店都在尝试使用员工：有的利用厂家派驻的技术老师，有的专门聘请技术老师，但都好景不长。

先看借用厂家技术老师的情况：

每个技术老师都有自己的任务量，技术越好，任务量越大，行情好时，什么任务都没问题。关键是厂家不看行情，任务量有增无减、越来越高。

技术老师的工作和生活不受门店直接管理，他们有什么问题还需要和厂家协商，管理上存在很大弊端。大部分情况下全靠技术老师的自觉性和人品，很容易和门店发生矛盾。

一个技术老师在一个地区想得到养殖户的普遍认可，至少需要6个月以上的时间，往往是他们刚适应市场，因种种原因不得不被公司调去其他市场。人员流动性大也是很大的弊病。

门店专门聘用技术老师：

目前，技术老师的工资都比较高，5年以上的从业者至少需要5000元以上的工资，个别地区甚至更高。5000元的工资需要至少 30 000 元以上的营业额才能支撑。

技术营销能力强的技术老师，要么有个性，要么待遇要得特别高。除了相处时要小心翼翼外，最大的问题是不敢全力栽培，很容易就给自己树立了一个竞争对手：技术人员在当地干到 3~5 年，对市场也比较熟悉了，套路也摸清了，一旦收入达不到自己的预期，很有可能自立门户。

能力较弱的技术老师业绩好不了，虽用不着担心他会成为竞争对手，但鸡肋得很，产生的业绩还兜不住他的工资，赶走吧，门店没有人；继续用吧，实在很难受。

很多门店老板都在思考为什么门店用人这么难。不是用人难，而是老板们根本就不知道需要什么样的人。

2. 门店岗位职责不清晰，更无规章制度

门店所有员工在上岗时，没有明确的岗位职责，老板也没有明确表态每个人具体负责哪一块工作，全凭自觉，有什么活干什么活。

聘用的员工基本上属于放羊式管理，没有规矩，没有章法，没有组织架构。最终的结果是虽然组织了一群人，销量却并没有增加，老板比原来更累，员工则怨声载道。老板认为员工不称职，员工抱怨老板不信任。有团队还不如自己干，老板有苦难言。

3. 缺乏一套切实可行的绩效考核制度

门店管理执行的多是"大锅饭"政策，有基本工资垫底，卖多卖少没有太大差别。每个员工每月没有明确的目标，更

无操作措施和执行方法，就是埋头苦干，这样很容易培养员工的惰性情绪。

门店应该对每个员工制定明确的工作目标：本月的任务量是多少、完成任务需要采取什么样的措施、老客户完成多少任务、新客户需要开发多少等，要落实到明确的数字，完成有什么奖励、完不成有什么惩罚等，亦都要形成文字，让每一个参与的人员签上名字。

4. 缺乏与员工的沟通手段和方法

员工不怕苦、不怕累，就怕没方向。员工为什么会给别人打工？不是他不会干，而是他没有方向感。老板为什么敢自己创业？是因为他有方向感，知道自己要去哪里。如果不给员工讲清我们的目标、我们的规划，那么员工就不知道未来是什么样的，他就会感到很累。心累比身累更可怕！

老板的第一个能力就是会造梦。不是老板已经做到了，而是他有方向感，知道自己要到哪里去，未来能达到哪种状态。只要想到了，感觉到了，他才能带领团队去实现。

5. 不懂如何利用厂家业务员的优势

经销商最反感的就是厂家业务员天天来，自己生意得做，还要接待这些业务员，不胜其烦。可不接待又不行，人家一个月就来一次，晚上还要请客吃饭，不给面子不好看；给面子吧，又要投入一定的精力和费用，所以非常纠结。

如果换一种思路去考虑，情况就不一样了。把厂家业务员当作自己的员工去管理，结果很可能会非常可观。每个门店一般都经营 3~5 个兽药厂家的产品，每个厂家都有 1 个业务员，如果每个人在门店待 5 天，则 4 个业务员至少要 20 天。那么就相当于这 20 天内多了 1 个能力比较强的员工，岂不快哉！

厂家业务员的优势如下：

现在的业务员基本都有车，不用安排交通工具，给他安排 1 个店内员工的角色，就可以帮忙跑市场，而且业务水平还非常强。

如今能存活下来的业务员基本上口才都比较好，甚至还会讲课，安排他们去开个圆桌会议，费用由门店出。由门店负责组织召集养殖户，业务员只讲课、推产品、订货。每天 1场，每场也能卖个 1 万 ~2 万元，5 天也能卖个 7 万 ~8 万元，效果非常理想。

五、门店执行力太弱

1. 缺乏思想引导和肯定

门店缺乏规划和目标，运作思路不清晰，只知埋头苦干，缺乏思路和引导。

在夫妻店运作的过程中，99.9% 的门店都没有年销售计划、月销售计划、客户开发计划、市场运作策略、每天的工作计划等。没有规划会造成这样一种感觉：当我们在早上忙完手头的工作静下来时，突然不知道自己要干什么了，想想这也需要做，那也需要做，但都不太着急，那就等等再做吧！很多事情一拖再拖，工作就变得非常被动了，严重影响个人情绪。主动工作心情就好，被动工作心情就差，情绪好坏完全取决于是否主动。

不少经销商缺乏思路、思想消极，没有积极去思考市场销售工作该怎么做。不仅自己不愿想，也不愿相信别人讲的，更不愿出去学习，而是把所有原因都归结为一句话："行情差，现在生意不好做！"这些人从来都没有摆正过心态。行情差时，我们是不是应该看看同行是怎么渡过难关的？他们运用了什么策略、什么方法？

无论行情如何，都有一种经销商存在：行情的好坏与门店生意没有关系，行情越差，销量反而集中在一两个门店，他们的销量不但没降低，反而有所提高。何故？因为在行情差时，他们经过主动思考，采取了一定的策略和方法。

2. 无人监督和管理

一般的夫妻店都是老板自己说了算，大多不按理性思路运作，而是依靠个人的喜好。自己感觉对，就这样做；感觉不爽，则换个方法。特别是一些经销商在外面学习了一些门店的运作方法，听课的时候很兴奋，跃跃欲试，可一回家马上就变了，还是老一套的运作方案。没人监督，随意性太大。

3. 家庭因素的干扰

夫妻店是由夫妻双方组成的销售团队，门店的决策权在于夫妻双方，有时很难分清是生活，还是工作。这在门店的运营过程中会导致弊端丛生。

夫妻双方谁说了都算，就意味着谁说了都不算，很容易得罪养殖户。例如当一个养殖户买了840元的药品，老板说收800元得了，养殖户非常高兴地去付款，但老板娘结账时不同意了，非要收840元，而且双方僵持不下，最终生意没做成，客户也得罪了。再如养殖户买了1000元的产品，老板说送价值100元的鱼肝油，老板娘一听不干了："这样做，我们要赔钱，东西不能送！"类似这样的案例不胜枚举，很容易造成客户流失。

对于门店的发展决策摇摆不定。夫妻店中，老板经常会受到厂家邀约或自费出去进修，学习的过程中会接触很多好的模式和思路。大部分情况下，老板在学习之后很兴奋，兴致勃勃地要回来大干一场，好好规划一下，调整运作思路，而老板娘则极力反对。为什么呢？因为当下的生活已经非常不错了，销量可以，收入尚可，采用新模式的话风险很高，万一失败了还不如现在。可门店的发展靠什么？靠的就是不断创新、不断探索。这个世界上唯一不变的就是一个"变"字，任何事物都在发展、都在变化，门店运营也逃不掉这个自然规律。

六、思想保守，故步自封

1. 对新事物缺乏敏感度

门店运营经历了坐商和行商两个时代，到目前为止，还有一部分经销商处于坐商阶段，不愿意跑，因为他相信"酒香不怕巷子深"，没有意识到养殖户的需求已经发生了变化，过分低估了养殖户的思想。人都是有惰性的，养殖户也不例外，有人带上质优价廉的产品直接上门服务，自己何必再舍近求远地去拿产品？市场的变化淘汰了大部分坐商，直接进入行商时代。随着互联网时代的到来，行商时代也将被终结，现在90%以上的门店还没有意识到互联网的威力，网商可能是个趋势，谁能把握大趋势，谁就是下一个胜利者。

很多经销商对客户的需求也缺乏敏感度，不知道谁才是自己的客户，十头八头的母猪场跑，两三百头的母猪场也跑，缺乏明确的定位和规划。试想，拿对付30头母猪以下猪场的运作思路去与300头母猪猪场老板谈判，最终的结果可想而知，然后总结原因：300头母猪猪场老板不好打交道，不懂得感恩，请吃了那么多次饭，关系处得也挺好，就是不用产品。其实，并非这些老板不懂人情世故，而是人家的需求你根本就不知道。

此外，他们对产品的运作缺乏敏感度。现在仍有很多门店在找原粉等产品，还希望寄托于利用价格战击垮竞争对手，妄图在常规产品上找到10年前的利润空间，寄托于养殖场什么时间暴发疾病，可以多卖点药——毫无疑问，这种思想将会慢慢地落空。未来，养殖场的防疫、保健会做得越来越好，大家都注重防患于未然，一些大的传染病甚至会随着饲养环境和防疫程序的不断完善，被慢慢净化掉。养殖场今后将会以预防为主，防重于治为主体，治疗类产品的用量将会大量地下降。

2. 自以为是，刚愎自用

一些经销商被厂家的业务员给"忽悠"怕了。很多兽药厂家打着培训的旗号，让经销商参加各种培训会。参加来参加去，厂家的最终目的不过是卖货，经销商便形成"月月开会都上当，次次上当不一样"的印象，认为市场上根本就没有新的模式和思路，真正管用的模式还是当下采用的。而且，他们也缺乏虚心态度，不愿意去学习新知，认为经验大过天，运营门店这么多年，不会有人比他们更懂，对好的思路和模式充耳不闻，如此一来，终将被市场淘汰。

电商是否能替代传统兽药经销商

一、什么是电商

电子商务，简称"电商"，是指以信息网络技术为手段，以商品交换为中心的商务活动；也可理解为在互联网、企业内部网和增值网上以电子交易方式进行交易活动和相关服务的活动，是传统商业活动各环节的电子化、网络化、信息化；以互联网为媒介的商业行为均属于电子商务的范畴。

电子商务四大要素：商城、产品、物流、消费者。

买卖：各大网络平台为消费者提供质优价廉的商品，吸引消费者购买的同时，促使更多商家入驻。

合作：与物流公司建立合作关系，为消费者的购买行为提供最终保障，这是电商运营的硬性条件之一。

服务：电商四要素之一的物流主要是为消费者提供购买服务，从而实现再一次的交易。

兽药行业通过企业自建平台、媒体品台转化为商品交易平台进行销售，如通过淘宝、天猫、京东、拼多多等平台卖货，还有通过短视频卖货的。

二、电商是否能替代传统兽药经销商

2014年以来，各大培训公司、行业大咖都在喊"狼来了！兽药经销商将会被电商代替"。截至2019年上半年，经销商还是经销商，并没有像宣传的那样被互联网干掉，反而有不少年销售额突破千万者脱颖而出。为什么会出现这种现象呢？我们首先需要分析的是，经销商在兽药销售环节中究竟担任了何种角色？这是最值得反思的事情。

电商核心是"去中间化"，直接与消费对接。可"去中间化"的背后需要资金、技术、物流等多项服务的配套。"我们可以'去中间化'，问题是我们想去掉谁？去掉他之后，他的活儿谁来干？我们是不是可以干？如果干不了，你就没办法取代他！"天天喊着"没有中间商赚差价"的某二手车网站，也转变口风："哪里价格低，帮你在哪里买！"没有利润的支撑，哪来的服务和不断的创新？服务的前提是利润。利润空间可以被挤压，但不能消失；否则连同利润一起消失的还有服务。

不是互联网打败了经销商，而是高效率模式必定会代替低效率模式！兽药经销商要懂经营、会运营，紧扣中间商的核心职能。

三、畜牧业行业发展离不开经销商

1. 承担资金压力

截至目前，经销商 95% 以上的进货都是现款交易，每个经销商家中都备有数额不等的库存，少则几万、多则上百万，甚至几百万。全国这么多经销商，所有库存加在一起数额是相当惊人的。可以这么说，经销商为厂家承担了一部分的资金压力。

陕西省某县一位经销商朋友李总，2006 年开始运作兽药门店。2009 年的年营业额为 230 万元，按照正常 20% 的利润，盈利应该在 50 万元左右。但和李总交谈的过程中，他表示今年没有挣钱；我说不可能呀，今年至少挣 40 万~50 万元，最差也能挣 20 万~30 万元吧！他说没有，然后带我去看他的仓库。他说厂家 12 月份搞活动，打款 10 万元，返利 25%，今年赚的钱全部都在仓库里。厂家面向经销商搞活动，收走现金，经销商则为厂家承担资金的压力。

2. 广大的社会人脉资源

每个门市拥有一定的养殖场资源，无数个兽药门店连成一个广大的养殖资源网，每个经销商就是资源网的一个连接点，而每个连接点经营的就是一种信任，正是这种信任拉动了兽药产品的销售。这种信任就是互联网销售的致命伤，而经销商的优势则恰恰体现在这里。

3. 提供技术支持和服务

兽药属于特殊商品，不是有了说明书，用户就会使用的。该特殊性就在于同一款药品，同一个疾病，不同的技术人员使用出来的效果就大相径庭，若没有技术的存在，兽药根本就发挥不出来其应有的功效。

4. 养殖场服务的时效性

对于其他商品，若非急用都可以考虑在网上买，但兽药的使用是具有时效性的。畜禽一旦发病，把握治疗时机和疗效就显得相当重要。网购最快至少也需要一天，慢的话三五天也很正常，偏远地区需要的时间更长。经销商则不存在这个问题，慢者三四个小时就到位了，快者一小时内就可以到场，在治疗时效性上占据一定优势。

那是不是可以就此高枕无忧？非也。经销商所要面对的困境也不少：散户减少、大户搞不定、同区域竞争对手虎视眈眈，还有来自电话销售、网络电商、厂家自销、畜牧平台等的竞争，更有思维意识的局限以及不懂得顺势而为的经营理念，这些均极大制约了兽药经销商的发展。当业界一片哀鸿之际，一部分经销商却紧随发展的脚步，不断强化自我，密切关注市场的演进，积极捕捉那些不易觉察的市场契机，逐步改进自身的管理，在不同阶段强化上下游看中的竞争能力，使自己成为市场的霸主。

在下一章，笔者将为大家分享实战经营宝典，抛砖引玉，助力兽药经销商快速发展，于风云诡谲的市场竞争中屹立不倒。

第二章 | 门店定位

为什么要对门店进行定位？因为在门店的运营中，养殖户对每个门店都有自己的"心智定位"，这个心智定位决定了养殖户最终会选择和哪个经销商合作。

所谓"心智定位"是指门店在客户心目中的形象，也就是经销商的"标签"。这个"标签"不是自己标榜的，而是养殖户赋予的，是客户在和经销商接触的过程中渐渐形成的。比如"李老板家的技术比较好，但药品价格太贵""张老板这个人很会来事，但产品质量不行""王老板家的疫苗还行"等，这些"标签"最终决定了养殖户选择和谁合作。所以，在和客户的接触过程中，经销商要通过自身的努力，影响客户对自身的"心智定位"，改变自己的形象，最终成为值得养殖户信赖的合作伙伴。

成功的道路上从来都不拥挤，定位决定地位！

门店老板的个人定位

一、个人身份定位

个人身份定位，指的是门店老板在养殖户心目中到底是一个怎样的角色，是技术老师，还是门店的经营者？

1. 卖兽药的

经销商虽然也给养殖户提供看病服务，但最终在养殖户心目中也就是个"卖兽药的"。这种身份定位是最尴尬的，却也是大部分经销商的实际情况，占比达70%。养殖场没病的时候，养殖户是非常反感经销商上门的，这是犯了"医不叩门"的忌讳。即身为兽医，不能经常去敲养殖户的门，进而进行推销。这种身份定位，往往得不到养殖户的尊重，生意也非常难做。经销商不得不经常和养殖户讨价还价、斗智斗勇，精力和时间的消耗都很大。

2. 技术老师

还有一种经销商，他们从不主动去养殖场，只有在养殖户邀请其去看病时才去。这种经销商一般做的时间都比较久，生意也非常不错。他们把自己定位为医生，你家畜禽生病了就来找我，我提供专业的治疗服务，是真正意义上的兽医。

3. 技术权威

养殖行业中还有一种老师，就是技术权威，不管什么疾病，走到这里基本上就是最后一站了。这种门店一般都是和大型养殖场进行合作。

无论经销商以以上哪种身份出现，都会决定养殖户的态度。为什么很多经销商都在抱怨生意难做？养殖户就是"喂不熟的狼"，今天你请客吃饭，就在你这里订一点货；明天另一个门店开会请客，又去那边订点货，非常随意，反正货和货之间没什么本质区别，所以也谈不上忠诚度的问题。其实，这也不能完全怪客户。经销商的身份决定了养殖户的态度。准确地说，经销商自身的定位才是最根本的。

二、个人形象

1. 外形整洁

定位前，我们要打造一个良好的个人形象。首先要注重着装，服装品牌并不重要，关键是要干净整洁，以便上门时给养殖户留下不错的第一印象。毕竟从事的是与卫生保健相关的工作，如果连最基本的整洁都做不到，还谈何保健？而且，衣着整洁不仅是对别人的尊重，更是对自己的负责。换位思考一下，你也不愿和一个外形邋遢的人合作吧，不仅会质疑对方的专业度，也会感到不被尊重吧！

2. 自信干练

其次，必须养成干练的办事风格。试想，诊断疾病时，技术老师若唯唯诺诺不敢判断，势必会动摇养殖户的信念，即便最后诊断正确，也很难建立长期的信任。其实，我们在给养殖户解决技术问题时，治疗疾病只是一方面，还要在很大程度上为养殖户疏导心理问题，让他们安心并保持理性。所以，在和养殖户交往的过程中，要表现出极强的专业素养，打造自信、干练、胸有成竹的专业形象。

3. 乐于助人

助人为快乐之本。我们要关心体贴养殖户，急对方之所急，能主动热情地给予帮助和指导，在别人得到帮助的同时自己也能从中得到快乐。助人为乐是建立个人品牌、积累个人信誉度的有效途径。未来的企业发展靠什么？靠的就是信用。你向朋友借 5 万元，朋友说："我手里只有 5000 元，只能借你这么多！"其实，他手里有 5 万元，但他只愿意借给你 5000 元，说明你在朋友那里的信用额度也就这么多。信任是不值钱的，但信用是可以折现使用的。

这一点通常在组织养殖会议时就能体现出来。当我们准备搞一次大型养殖会议，活动从 3000 元起步，5 万元封顶。凡是能来参加活动的养殖户，说明我们在他们那里是有信用额度的，参加多少的活动就代表有多少额度。没有参加活动的说明我们在他们那里没有信用额度。一场会议能收多少钱，就可以看出我们在所有养殖户心目中的信用额度有多大。因此，乐于助人是建立个人信用度的有效途径。

4. 扩大客户

一个门店所运作的市场就是一个大的社会组织。在组织中，需要建立组织架构，没有架构就无法建立市场。所以，我们需要铁杆养殖户、核心养殖户、上量养殖户、待稳定养殖户、潜在目标养殖户等。如果想让组织架构的功能得以启动，就要求我们能够操控铁杆养殖户和核心养殖户这个骨架。若想操控骨架，必须要和养殖户们建立良好的关系，关系越深，组织能动性越强。

5. 有求必应

门店运作的目的就是做生意，兽药只是生意的一部分。门店通过兽药这条生意线，认识了许多养殖户。他们会有多方面的需求，如鸡蛋收购渠道、鸡场设备、淘汰鸡收购渠道等，若只能提供疾病诊断与治疗一种服务，养殖户大多就不和我们交流了。很多生意都是在平时交流中产生的，因而，若只提供一种服务我们就会失去很多合作的机会。相反，我们的服务若能覆盖到养殖环节的方方面面，就能成为养殖户与外界沟通的桥梁。卖兽药是做生意，卖其他内容也是做生意，最终，我们会成为养殖户的主心骨。

门店形象定位

一.门店企业注册资金

销售讲究门当户对。如今，规模化养殖场都以养殖企业自居，服务他们的单位自然也是企业。换言之，只有以企业自居或具有企业气势的兽药店或动物医院才能有与之对接的底气。因此，我们要让自己的门店能有与大型养殖场对等的规模。现在，一般养殖企业的注册资金都在 500 万~3000 万元之间，如果一个门店的注册资金只有 10 万元，是很难展开工作的。

二、门店硬件建设

之前的门店一般以坐商为主，随着市场竞争的加剧，2000 年之后很多门店为开发更多的客户，开始从坐商慢慢向行商转变。门店的形象也随之一落千丈，有的只有一间门面，最小的也就是二十几平方米，店里除了货物，基本就没有下脚的地方了，更谈不上客户上门有个说话的地方。养殖户需要什么货物，直接打个电话就送到养殖场了，养殖户也比较方便，基本上没有特殊事情很少去经销商门店。更有甚者，都合作好几年了，养殖户还不知道经销商的门店在哪里，所有交易都是在电话里完成的。

但随着市场发展的演变，未来，门店在兽药经营中起着举足轻重的作用。可以观察一下，目前市场年销量突破 500 万元的门店，60% 的利润是在门店完成的，而且这些门店的硬件都做得特别好。门店的门脸漂亮，店内干净整洁，货柜里样品齐全。店后面是茶台，专门用于老板接待养殖户朋友喝茶。楼上设有会议室，随时都可以召开养殖会议。老板每天的工作就是电话邀约养殖户来门店谈业务。需要送药，老板安排司机送便可；需要出诊，有技术老师出马，所有工作井然有序。这样的门店销量不但没有下降，每年还以 30% 的速度递增。

未来门店必须要建立规范：第一，完全按照 GSP 的标准进行；第二，门店必须建成"形象店"，既漂亮又正规，形成产品体验店；第三，门店要设置谈话聊天的场所，方便养殖户经常来此进行交流；第四，门店要安排会议室，随时都可以举行养殖会议，方便解决养殖户技术方面的问题；第五，门店必须营造出生机，让养殖户进店之后就产生一种信赖感。

三、产品形象

大型养殖场一般更容易接受一些大品牌的产品。所谓大品牌产品，是指目前国内外几个大企业生产的产品。一个门店若没有 1~2 个大品牌产品，那么给这些大型养殖场老板的印象就非常不好，他们会认为你卖的都是低端产品，和你沟通的欲望也从而降低。

很多门店从未关注过这方面的内容，因为代理这些品牌产品的话，第一，经销商自身要具有一定实力，人家才会给你代理权；第二，这些品牌产品多是由竞争对手把控着，一时半会也拿不到代理权；第三，目前门店的销量不足以支撑代理这些大品牌产品；第四，品牌产品的利润一般都比较透明，价格还比较高，只有大养殖场用，小户基本上是不会选择的。在门店尚无这些品牌产品时，可以先尝试接触这些厂家的业务员，一旦有机会就可以接过来。

四、团队运作

一个门店只有夫妻二人，不论每年的销量如何，在养殖户心目中就是一个个体户，谈合作的时候，价格还是其次，最主要的是对方认为我们卖的产品都不行。养殖户在半信半疑中把产品拿回家，用出来效果，是幸运；用不出来效果，属于正常。所以在很多养殖户中，如果行情不错，养殖也赚钱，那么什么事情也没有；一旦行情比较差，养殖赔了钱，就开始找经销商的麻烦，说是药不行，病也没看好等，进行一系列的追责。总而言之，经销商成为最终的替罪羊。

打个比方，我们去大型超市购物，和去小卖铺买东西的心态就不一样。去小卖铺，不论什么东西，老板只要一报价，顾客马上就问最低多少钱能卖。我们也知道，小卖铺的报价肯定比超市低，但还是想砍到更低的价格。相反，去超市购物，我们怎么不砍价呢？因为超市都是明码标价，你要买，就只能老老实实如数付款，连零头都不能少。

门店也是一样。如果我们是作为一个市场运作团队给养殖户服务，那么大部分养殖户对我们的态度和合作条件都会大为改观。养殖户为什么会欠账？因为他们认为整个门店除了老板就是老板娘，店面小，产品也不一定好，就先欠着吧！能欠一天是一天。同样，养殖户去到一家有 10 人以上的专业团队，见销售人员、技术人员、送货司机、财务人员、后勤人员配备得很齐全，一般也不敢欠账了。何故？因为从门店拿产品必须到财务那里结完账才能走，老板说了也不一定算，是制度说了算，你想拿药，制度规定必须交现金。

兽药门店优势定位

养殖户选择某个经销商，肯定是有某一个或几个点打动了他，才下定决心建立合作关系。那就是经销商的优势所在。我们一旦寻找到这个点，就可以在上面下足功夫，将优势扩大，并进行延伸，最终达到拓展客户的目的。

一、技术优势定位

在门店的运作过程中，如何让养殖户记住我们？办法有很多，最直接的就是突出我们在技术层面的独特优势。例如某公司在培训经销商时，针对后备母猪及经产母猪不发情问题提出了一套独特且有效的治疗流程。只有接受过培训的经销商门店能解决这个问题，其他门店则不具备这个能力，这就是唯一性。客户想解决这个问题就别无他选。再配以一定的营销手段，3个月内，本县所有的猪场（不论大小，有一个算一个）都会收到门店能解决母猪不发情问题的宣传广告，让所有养殖户一旦遇到这个问题，第一时间想到我们的门店。以此为突破口，可以加大宣传力度和广度，不断造势，召开养殖会议，不停地给养殖户灌输门店在这方面的优势，让更多猪场愿意尝试使用我们的解决方案，用事实说话，建立过硬的口碑。门店在养殖户心目中的"心智定位"也由此成形——这个店很厉害，解决母猪不发情的问题很有一套！

"心智定位"一旦确立后，接下来就要针对我们的"心智定位"设计故事。故事不能是虚构的，一定要是真实的案例，绝不能编造。

二、服务优势定位

经销商与养殖户接触的过程中，派生出很多服务项目：

如给畜禽打疫苗、做抗体检查、母猪的人工授精、母猪的 B 超等。如果这些服务项目和其他门店没什么区别，则很难在市场上脱颖而出。

此处试举一例。某公司在"蛋鸡防疫"这个板块做得非常突出。该门店 2013 年成立防疫队，共计 12 人，主要负责 X 县、S 县两个市场的蛋鸡客户防疫。防疫队成立之初，该门店负责人对养殖户关注的问题就非常重视。2013 年 10 月，很多养殖场老板就提出质疑："你们做防疫，来我们这里换不换新针头？"针对这个问题，领导立马给防疫队开会，要求他们做到以下几点：

第一，到每一家养殖场，都要经过三次消毒：进大门前，用门店自带的消毒喷壶将脚底、裤子、上衣消一次毒；进养殖场大门时，用养殖户家的消毒剂再消一次毒；鸡舍门前放一个消毒盆，进鸡舍前，再做一次手消毒。

第二，每次防疫前，要当着养殖户的面儿更换新针头，并对更换的针头收费，每盒两元。很多养殖户又提出来："两元也收呀？"对此不用多解释，这不是钱多钱少的问题，只有收了养殖户的钱，他才会相信我们是真的换针头了。收钱不是目的，而是让客户相信我们确实能按要求更换针头。

2015 年，又有养殖户提出了新问题："防疫队中有漏打疫苗的现象，同时有踩坏鸡笼、忘关笼门的现象。"针对养殖户提出的问题，门店又制定了相应的管理措施，设计了防疫队考核问卷，具体如下：

防疫队考核问卷

1. 进场、进大门、进鸡舍前，是否消毒？ 1分

2. 是否用的是新针头？ 1分

3. 是否提前准备好物料？ 1分

4. 是否与养殖场老板沟通好疫苗的用量及接种途径？ 1分

5. 是否按养殖场老板要求的接种途径接种？ 1分

6. 是否有漏打的鸡只？ 1分

7. 是否有打瘸腿的或有伤亡的鸡只？ 1分

8. 是否踩坏鸡笼或损坏其他物品？ 1分

9. 防疫后，是否恢复鸡笼门？ 1分

10. 防疫后，疫苗瓶及其他物品是否按规定处理？ 1分

队员签字：　　　　　　　　养殖场老板签字：

防疫队人员的工资不是固定的，而是按照问卷的计分进行考核发放。如此一来，防疫队的工作效率和客户认可度均有大幅提高。

三、资源优势定位

每个门店的发展历程、资源、优势都不一样，定位势必也是不同的，一定要因地制宜。

如某地王老板祖上三代都是兽医，"兽医世家"就是该门店的优势和资源，而且这一优势非常突出。门店对母猪不发情的治疗效果非常理想，拥有独特的治疗方案。根据这一优

势，笔者为门店设计的营销策略如下：

第一，对门店硬件进行改造。王老板的门店有两个门面，后面还有房间。按办事处的设计标准，重新设计前面的货架，要显得高端大气上档次，并在门面和后面房子之间装了一面透明玻璃窗。

第二，设计合适的营销方案。每次处理母猪不发情的问题时，王老板负责在外面给客户诊断、开处方，再将具体情况与父亲沟通，老爷子便在后面的房间内用中药碾子现场加工一部分中药。开处方时，除了使用正规产品外，门店还提供上述自配的中药。问题解决后，很多养殖户就会四处宣传："王老板家的方案好，主要是靠老爷子自配的中药，以后再遇到这种情况，去王老板家就行，人家那是祖传的配方！"

第三，设计宣传方案。要在每个猪场都挂出宣传语："×××兽药店专治母猪各种不发情，一个疗程治愈，无效退款！地址：××县城南路×××门店，电话：×××××××××！"在最短时间内尽力让全县及周边几个县城的养殖户都知道王老板的门店主治母猪各种原因引起的不发情问题。慕名而来的养殖户势必络绎不绝。

第四，制定会议方案。每月定期在各个乡镇讲解母猪不发情的现象、症状、处理方案及各种应对措施等。让养殖户更深刻地意识到"只有王老板的门店才能治好母猪不发情"。这个标签在养殖户心目中也就慢慢确定下来了。

第三章 | 产品战略

产品战略是企业对其所生产与经营的产品进行的全局性谋划。它与市场战略密切相关，也是企业经营战略的重要基础。企业要依靠物美价廉、适销对路、具有竞争实力的产品，去赢得顾客，占领并开拓市场，获取经济效益。产品战略是否正确直接关系企业的胜败兴衰和生死存亡。

在兽药门店运营的过程中，经销商经常会抱怨现在的生意不好做，天天忙得要命也不赚钱。以2008年为例，每个县城至少有不低于100家经销商，可如今一个县城真正经营的门店不会超过20家，未来会更少。为什么会出现这种现象呢？是经销商不努力，还是有其他什么原因？其实，现在的经销商比以前更努力了，工作时间也更长了，但盈利效果则大不如前，其根本原因是养殖户的需求发生了变化，而经销商并没有跟着时代的变化而改变。更确切地说，经销商还沉浸在旧日的辉煌中不能自拔。相反，一些先知先觉的经销商在门店运营过程中，能很敏锐地抓住机会，快速改革，销量不降反升，甚至突破了"千万级"，进入了公司化运营。是什么原因促使这些经销商势如破竹，一飞冲天？

答案是产品架构的调整。试想一下，当地业绩最好的经销商手里是不是都有一个战略大单品？单个产品的销量在整个县城所占比例就已经很高了？

何为战略大单品？

从销售上来讲，就是企业某一个或几个销售贡献最大的单品；从战略上来讲，就是公司集中所有资源倾力打造的品牌产品；从品牌上来讲，就是为公司树立品牌形象及市场占有率最高的产品。

那么，我们就要学习一下如何进行产品结构的调整，找到产品运营规律，门店利润必然会翻倍增长。

绝妙产品架构五步法

不是所有的产品都是用来赚钱的！这是转变思维的第一要素。为什么说不是所有的产品都是用来赚钱的呢？难道我们要做赔本的生意吗？

依据营销的目的，产品架构可分为五类：第一类是用来吸引客户、引入客流量的，我们称之为"引流产品"；第二类是用来第一次成交以及促进成交的，称之为"尖刀产品"；第三类是用来赚取利润、获得收益的，称之为"常态产品"，也是"盈利产品"；第四类是用来提升形象、打造价值的，称之为"超常态产品"，也就是我常说的镇店之宝；第五类是用来丰富客户需求、满足个性化多样化需求的，称之为"后端盈利产品"。

不同的产品架构承载着不同的目的。通过组合不同的产品架构，可以帮助我们轻松完成"吸引客户—成交客户—赚取利润—提升形象—锁定客户长期消费"的营销路线。这样的一个过程就是产品架构。产品架构是营销中非常重要的一个策略，能够帮助我们带来客户、成交客户、留住客户，更重要的是，它会告诉我们如何创造利润。

一、产品架构之引流产品

无论经营实体店铺，抑或网店，客流量对我们来说都是至关重要的。在销售开始之前，我们就必须设想好吸引客户的理由、媒介和方法。假如我们能巧妙地运用引流产品架构，便会轻松获得客户。

引流类产品的第一个玩法：提炼产品所具有的一些新鲜、影响力大、接受度高、低价超值的特点，来吸引客户。比如韩剧《来自星星的你》流行那会儿，很多西餐厅引入了"炸鸡＋啤酒"的概念，成功实现了引流。

另一个玩法就是拿出部分产品做特价促销，出让利润从而达到引流的目的。这是超市惯用的方法。比如某老板在市区开了一个便利超市，别人卖 2 元钱的某品牌矿泉水，他卖1.5 元。客户便会主动到他这里买，并想当然地认为这家店的货品普遍便宜，便会在这里买雪糕或其他饮料。但雪糕的价格并不透明，老板完全可以把从矿泉水那里出让的利润加到雪糕那里，再赚回来。这里，矿泉水的特价就起到了引流作用，也即该店的引流产品结构。引流的主要作用就在于吸引并导入客户。我们也可以把这种产品称作"尖刀产品"。

提到尖刀产品，笔者还想再举一个案例。比如某菜店为了打败竞争对手，用超低价格打造一款刚需品来吸引客户上门，也是这个道理。当然了，尖刀产品也可以是从自家产品的一部分切割开来的。有时，我们经营一种产品时无法将其切割开来，也可以再找一种相关联的产品使之达到同样的效果。

二、产品架构之常态产品

当我们把客户吸引过来之后，接下来要做的就是成交客户。提高客户的转化率至关重要，因为它涉及我们是否与客户建立了关系。

不论客户进来买了多少产品，重要的是他买了，只要买了，其大脑中就会对这家店产生购买印象，这种印象会促使他再次发生购买行为。因此，在成交结构环节中，我们要思考的重中之重是：如何成交新客户？如何提高新客户的成交率？

这是一个颇值得玩味的问题。新客户往往不愿意轻信于你，因此成交率很低，可你又不得不开发新客户，那该怎么办？

先来看一个案例。有一家服装店开业，生意冷清，成交一直很成问题。由于这家店的服装属于中高档，短时间内无法很好地展现价值，往往是客户来了，却很难成交。如果一直不成交，客户就会逐渐把这家店忘掉。该如何破局？营销达人给这家服装店出谋划策，其中有这么一条：改变成交架构！

第一个策略是建立会员制。会员卡意味着一种特权，办理会员卡时收取 50 元的会员费，同时赠送价值 100 元的礼品和 100 元的现金抵用券。通过这样的策略，新客户的成交率变高了，而每一张会员卡内又有 100 元的抵用金，这会促使会员们过不了多久又来光顾选购。你瞧，改变产品结构就是这么神奇！

第二个策略是引入成交架构产品。成交架构的产品一般都具有某些特点，如流通速度快、购买金额较低、客户购买抵抗力低等特点。于是，这家服装店引入了漂亮的围巾、帽子、袜子等小物件，通过小额产品成交客户。产品结构的意义就在于促进新客户的第一次成交，从而达到与客户建立购买关系的目的。

三、产品架构之利润结构

做企业无非是出售实物产品或者服务产品，而销售的目的就是盈利，因此，利润结构产品也应该占实际销售中的最高比例。利润结构应适用于目标客户群体里面某一特定的小众人群，也就是给你带来利润的那 20% 客户。

在产品利润结构这部分，需要着重思考的问题是：公司或店铺的定位是什么？我们愿意为哪类人群提供怎样的产品和服务？在这里，我们必须深入分析已经成交的客户，他们有哪些偏好、喜欢哪些产品、喜欢在什么时候消费等。通过系统分析，我们可以定位客户偏爱的产品、价位区间、产品卖点等。

利润结构中还必须要考虑的一件事是：如何通过追加销售来提高利润。肯德基、麦当劳的"第二杯半价"就是通过充分计算得出的策略，这说明第二杯半价后还有很大的利润空间。现实生活中，很多服装店都推出"第二件八折"的促销力度，也都是利用了同样的利润结构。利润结构就是在确保成交的基础上，通过系统分析挑选出主要的利润产品或服务，销售人员将会主推利润结构产品。

四、产品架构之形象结构

我们都会注意到，一些不错的服装店会有一些展示橱窗。这是为什么呢？形象结构的产品主要用来提升店铺的形象和店铺的价值，而不用来主推产品。试想，一个商场内如果有香奈儿这样的顶级品牌开设形象店，那么这个商场的档次也将在无形中得到很大的提升。同样，若在一家女性香水专营店陈列一些顶级品牌，这家店铺在客户心目中的价值也将得以提升。

形象结构的产品一般是在社会上拥有相当品牌力和影响力的产品。我们可以借助这些产品来提升自己店铺在客户心中的形象。再举一例。某围棋培训学校与几个同行在同一水平线上竞争，假如有一天，该校长通过朋友介绍有幸认识了"棋圣"聂卫平，几经邀请，"棋圣"终于答应每年来学校上一节课。那么，棋校可以将这节课标价为 10 万元，并附上"棋圣"的名头。于是，这个课程就成了这个围棋学校的形象产品结构，瞬间提升了该棋校的档次，拉开了它与同行的距离，同样也带动了棋校的可观利润。

五、产品架构之需求结构

产品需求结构主要体现在满足客户关联需求、多样化需求、个性化需求等方面。比如一些服装店推出的定制服务、全年服饰搭配服务等，都是为了更好地满足客户的个性化需求，提高客户的满意度。

总之，产品架构是一个优化内部产品结构组合，进行自我借力的过程，通过用不同的产品达到吸引客户、成交客户、赚取利润、提升形象、满足个性化需求的目的。巧妙地设计产品结构，充分掌握架构策略，能够帮助我们轻松提升业绩、成交客户。

兽药门店产品基本架构

一、建立产品架构的意义

当下，养殖户的购买途径和需求均发生了变化。2010年之前，门店所销售的产品以治疗产品为主，基本是一些常规产品，如阿莫西林、氟苯尼考、强力霉素等药品。由于养殖户的饲养观念比较落后，大多以散户为主，一般畜禽有了病才会治疗，没有的话基本上不愿用药，所用的产品自然都是治疗产品；加之市场信息不畅，产品的价位设定一般是在出厂价的基础上增加30%~50%为门店的利润，再加上厂家给的10%~25%的返利。这么看，一般经销商的利润还是比较可观的，经营有方的话，可以达到两倍的利润。

如今，饲养观念早已发生改变，养殖户都想轻松养殖、轻松赚钱，自然不愿畜禽生病，于是广泛使用保健品，在疫苗的选择上也很慎重，防疫程序也比较科学。因此，猪场、鸡场都很少发生疾病，治疗产品的使用率也大幅下降，销量自然会严重缩水，导致门店业绩下滑。连锁反应造成兽药厂家的销量下降，又直接导致一些企业做促销，治疗药的价格一降再降，直逼成本价格。另外，信息的发达使养殖户的购买途径也拓宽了，网上的价格比实体店的价格低太多，于是直接选择网购。厂家下调价格，给经销商的返利也跟着下降，种种原因导致经销商的产品销量和利润都在下滑。这就是目前经销商面临的困境，如果门店产品架构发生变化则问题就会迎刃而解。

二、抗生素类常规产品

1. 常规产品的种类

包括抗病毒产品、大肠杆菌（肠道类）类产品、呼吸道类产品、输卵管消炎药、寄生虫药等。

2. 常规产品的营销策略

（1）感觉。人们为什么会产生购买欲望？就凭一种感觉，感觉比较便宜，感觉自己用得上，感觉这个东西貌似不错……所有的冲动购买行为都是感觉在起决定作用。所以，设计这些产品的过程中一定要办法激发养殖户的购买欲望。对于这些常规产品，每个厂家几乎都有，养殖户的可比性比较大，主要对比的就是价格。所以对这些产品的设计感觉重在便宜二字。具体操作有三：

第一，单品含量。养殖户一般只对比一袋（100克或1000克）多少钱，很少有人去看含量，如20%氟苯尼考和5%氟苯尼考的价格差距都比较大。所以在单品设计时，单品含量可以作为一个考量点。

第二，单品规格。养殖户关注规格的同时，对每袋产品的含量一般都会产生一种错觉。比如 100 克和 50 克的产品，若单从袋子大小上看，不仔细观察的话，很难发现两者的差距。所以在设计某些产品时，产品的规格也是考虑的因素之一。

第三，单品兑水量。这一点在治疗产品上特别突出，同样是 100 克的产品，不同的厂家，兑水量也是不同的。某厂家的一个大单品早在 2004 年就开始采用这种差异化运作。别家 100 克的西药兑水量都是 300~400 斤，这个厂家的产品就设计成 200 斤。很多养殖户不明白个中缘由，认为这些厂家 100 克的大肠杆菌药都卖 25~30 元，而这个厂家的产品只卖 21 元，还以为捡了大便宜，其实是因为很少有人关注兑水量。

（2）阻击。常规产品一般是用来阻击竞争对手的，如其他经销商、电商、电话销售等。

养殖户在购买产品时往往喜欢对比，这家阿莫西林卖多少钱，那家卖多少钱。我们可以在这些产品上做些文章，把产品的利润降到最低，甚至不赚钱，给养殖户留下的印象是这家门店的产品卖得比较便宜。在养殖户看来，他们对其他产品不熟悉，只对这些常规产品熟悉，对比时能拿这些熟悉的产品做参照。超市的营销策略基本上也是这个模式，找一个大家都公认的产品如鸡蛋，所有的超市鸡蛋都是 4 元 / 斤，突然有个超市卖到 3.5 元 / 斤，消费者发现后，认为这个超市的鸡蛋比其他超市便宜，那么其他产品肯定也比别的超市便宜。这是一种错觉，但往往是这种错觉造就了经典的营销案例。

养殖户愿意从电销手里购买产品，很大程度上是因为产品做活动，价格比较优惠。但电销最大的障碍就是没有基础信任，销售人员基本可以看作是虚拟的，万一产品出现质量问题，就只能自认倒霉。当门店的产品和电销的产品价格不相上下时，那么，实体店的优势就马上凸显出来了，养殖户多半会放弃电销而购买门店的产品。

此外，电商的优势也是价位，可以用上述同样方法来应对。

（3）收钱。利润比较低的产品一定要现款结算，甚至要收预付款。还有一种是促销。

3. 常规产品在门店中的占比

将尖刀产品作为开发客户的产品。

常规产品占门店所有产品销量的 10%。

三、中兽药制剂

1. 中兽药产品的种类

中兽药产品主要包括治疗产品、保健产品、特殊产品。

2. 中兽药产品营销策略

（1）用于治疗。目前，从市场反馈看，中药的疗效还是比较理想的。之前宣称的说法如中药见效慢或疗效一般，是因为大部分中药里使用了西药作为辅料，所以一般用于预防。

随着市场对中药需求的上升，中药的品质也在恢复，因而目前中药疗效还是比较理想的，中药治疗有望成为兽药行业的主流。

（2）特殊用途。

提升动物机体的免疫力。中药在提高机体免疫力方面的表现还是比较理想的。中药的治疗原理是调节机体内脏器官功能，通过提高自身抵抗力达到治疗疾病的目的。

预防保健程序。无抗养殖势在必行，业已实施，中药的用量明显上升，很多中药都被纳入动物预防保健程序内。养殖户的养殖观念也在发生改变，大多愿意使用预防保健方案，所以在为养殖户提供服务的过程中以推广保健程序为主。

解决某些特殊问题。用中药在解决母猪便秘、产后不食、产后炎症、不发情、缩短产程等方面效果还是比较理想的。

四、饲料添加剂

1. 饲料添加剂的种类

饲料添加剂主要包括长期保健品、特殊功效类、战略大单品。

2. 添加剂产品营销策略

（1）品牌。

形成区域品牌。目前，市场上一些做得比较优秀的门店都有自己的优势产品，基本上都是以饲料添加剂批号为主的产品。他们运用各种营销手段将这些产品包装为区域优势品牌。这样做优点有五：第一，可快速打击竞争对手；第二，能够快速上量；第三，易造成影响力，提高门店知名度；第四，为门店提高盈利空间；第五，形成营销壁垒，防止竞争对手模仿。

打造产品品牌。一些销得好的产品会有一个共同的现象：养殖户对它们的名字和效果耳熟能详，却并不清楚在哪个门店有售，或由哪个老板代理。这就是产品品牌的力量。

打造门店品牌。进行市场营销时，推广门店的实力、老板的为人、技术老师的水平等，其效果都赶不上手握一个优秀的产品。一个好产品可以让门店的影响力立刻上一个档次。

（2）利润。试举一例。截至 2016 年，某门店已开业 6 年，每年的营业额为 280 万元左右，盈利在 50 万元左右（包括现金和货物）。2015 年，他们开始推广一个战略大单品，通过为期 1 年的市场试水，到 2016 年 6 月开始策划下半年的蛋鸡会议，8 月、10 月、12 月连续开了 3 场蛋鸡营销会，当年全年盈利共计 110 万元。战略大单品的效果是非常理想的，有 80 多个养殖户在全程使用。

3. 在门店中的销售占比

饲料添加剂在门店中的销量占比为 50%~60%。

五、疫苗和生物制品

1. 必须要办理疫苗经营许可证

该证比较难办，一个县也没几家有疫苗证。

2. 疫苗的营销策略

（1）防疫队。建立自己的防疫队为养殖户提供服务，提高门店市场营销力。疫苗队是门店的"眼睛"，养殖户有什么情况防疫队都了若指掌，有利于进行信息的收集与反馈。

（2）入门产品。一般养殖户都对推广产品比较反感，但疫苗不一样。每个养殖场都必须要用到，所以他们都会针对疫苗进行比价，判断哪个厂家的疫苗更合适。疫苗的介入为经销商进行产品推广铺平了道路。

六、企业标准的品质改良剂和饲料原料

目前，这类改良剂产品的市场份额还比较少，但今后经销商门店中最有希望的产品就是它们。请诸位静心期待，未来三五年后，这些产品将会渐渐流行起来。就当下看，饲料原料产品是一个风口，既有利润又能治疗一部分疾病。

兽药门店产品营销架构

一、常规产品

氟苯尼考、强力霉素、阿莫西林、磺胺六甲氧、替米考星、泰妙菌素等都属于常规产品。这些产品的营销战略一般是打阻击战，即性价比要优于其他门店、厂家、电销的产品。这类产品的利润通常很低，给客户造成"我们所有产品的价格都不高"的错觉。

二、大品牌产品

主要指高端产品，针对的客户主要是大型养殖场。这类产品有的利润非常低，一般销量低的门店很难拿到代理权。但若和大型养殖场通过此类产品建立关系，便于其他产品的切入，也便于影响其他客户。

1. 大品牌产品种类
主要包括药品、疫苗、大单品。

2. 大品牌产品的营销策略
主要采取游学会的方式。对接方案具体如下：

先接触厂家业务员，建立良好的关系，一旦他们有需求，我们的机会就来了。

另外可以通过其他同行业朋友的引荐，这样合作机会更大。

3. 大品牌产品销售的占比

以占到整个门店营业额的 30% 左右为宜。

三、治疗性产品

一般的门店都不缺这类产品，经销商们也一直在孜孜不倦地寻找这类产品，所以每个门店都会有几款效果不错的产品。疫病流行期间，这类产品可以解决养殖场的实际问题，可以建立养殖户的信任，并打响门店的知名度。

四、上量产品

一般是指饲料添加剂、品质改良剂等产品，使用量会比较大，可以长期添加，既可解决养殖场畜禽亚健康问题，减少疾病的发生率，又可降低养殖成本，提高养殖场的经济效益；而对于门店来说也容易上量，是对多方都有利的产品。

1. 特点

不是单纯的治疗药。

一定是预防性的营养保健药。

性价比高。

功效方面立竿见影。

2. 营销战略

定期搞活动。

要不遗余力地在微信群内做宣传。

利用大单品运作方案。

3. 销售占比

上量产品占整个门店营业额的 50%~60% 为宜。

如何选择厂家产品

选择一个优秀的企业，拥有一个绝好的产品，是经销商雄霸区域市场的先决条件。

一、竞争优势

对市场而言，不乏产品，但缺少拥有独特竞争优势的产品。所以，我们在选择产品时应该具有战略眼光，不一定选行业内的领军品牌，但一定要选具有差异化、稀缺性的产品。

二、战略产品

任何企业，不论大小都会对公司的整体产品线做系统性的战略规划，从而确定哪些产品类别是重点主推的产品、哪些产品类别是非重点产品、哪些产品类别是即将淘汰的产品。因此，产品的选择要和公司整体产品战略规划高度吻合，这样才能在后期产品的推广中得到来自公司总部的更多资源支持。

三、市场及消费者变化的趋势

要选择在企业现有的产品类别中能够符合市场及消费者变化趋势的产品。以用户为中心的产品必定能持久地赢取市场，独霸天下。

四、产品生命周期

要能准确判断产品处于生命周期的哪个阶段、是否具备快速成长的基础。见图 3-1。

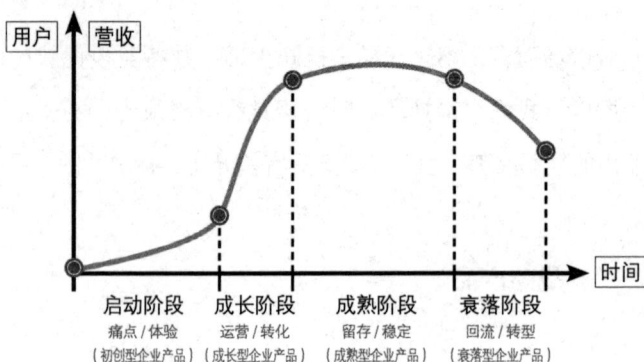

图 3-1　产品生命周期示意图

五、大容量市场

要能准确判断产品是否适合大容量市场。小池塘里养不了大鱼，怎么折腾都没用，只有大容量市场才有丰厚利润。

品牌是给拥有者带来溢价、产生增值的一种无形资产，它的载体是用于和其他竞争者的产品或劳务相区分的名称、术语、象征、记号或者设计及其组合，增值的源泉来自消费者心智中形成的关于其载体的印象。品牌承载更多的是一部分人对其产品以及服务的认可，是一种品牌商与顾客购买行为间相互磨合衍生出的产物。

品牌的作用及核心价值

一、品牌——产品或企业核心价值的体现

我们不仅要将商品销售给目标消费者或用户，而且要使他们通过使用对商品产生好感，进而围绕品牌形成消费经验，存贮在记忆中，为将来的消费决策形成依据，从而重复购买、不断宣传，形成品牌忠诚度。一些企业更为自己的品牌树立了良好的形象，赋予了美好的情感，或代表了一定的文化，使品牌本身及品牌产品在消费者或用户心目中形成美好的记忆，人们会认为拥有了这个品牌产品，就等于拥有了一种美

好的人生体验。

二、品牌——识别商品的分辨器

品牌的建立是由于竞争的需要，用来识别某个销售者的产品或服务的。品牌设计应该具有鲜明的个性，从 LOGO、宣传语、广告风格等都要与竞争对手做显著区别，要能够代表该企业的特点。每种品牌代表了不同的产品特性、文化背景、设计理念、心理目标，消费者和用户便可根据自身的需要进行选择。

三、品牌——质量和信誉的保证

树品牌、创名牌是企业在市场竞争的环境下逐渐形成的共识，人们希望通过品牌对产品、企业进行区别，形成品牌追随，进一步扩展市场。过硬的品牌成为企业强有力的竞争武器。品牌，特别是名牌的出现，能够使消费者形成一定程度的忠诚度、信任度、追随度，由此令企业在与对手的竞争中立于不败之地。品牌的号召力还能带动企业进入新市场，带动新产品打入市场；品牌还可以利用资本运营的能力，通过一定的形式如经营、合同管理等进行企业的扩张。

四、品牌——企业的"摇钱树"

品牌以质量取胜，常附带文化、情感内涵，因而能赋予产品较高的附加值。同时，品牌能够对消费者形成一定的信任度、追随度，让企业有底气为其制定相对较高的价格，从而获得较高的利润。品牌作为无形资产，早已为人们所认可。

五、品牌——卖得更贵 + 卖得更多，驱动生意

即"生意导向的品牌管理"。产品价值与品牌价值的区别关系就在于此。

六、品牌——区分对手

企业利用品牌可将自己的产品与竞争对手的产品相区别。早期，企业对品牌的认识就是这么简单。他们相信，只要给自己的产品或服务起一个响亮的名称，便足以与对手区分开来。所以，当时许多品牌的名字直接采用企业创办者的姓氏或名字，以便客户识别。但一个品牌若想在对手林立的市场脱颖而出，还需要通过产品提供给消费者特殊的利益，满足他们的实际需求，才能获得成功。若不能给消费者带来与众不同的感受，这样的产品或服务是无法真正与其他品牌相区别的。

品牌核心价值是品牌资产的主体部分，它让消费者明确、

清晰地识别并记住品牌的利益点与个性，是驱动其认同、喜欢乃至爱上一个品牌的主要动力。

品牌战略的中心工作就是清晰地规划勾勒出品牌的核心价值，并在此后的 10 年、20 年乃至上百年的品牌建设中，始终不渝地坚持这一核心价值。只有在漫长的岁月中以非凡的定力去践行这一点，才不会为风吹草动所干扰，力求每一次营销活动、每一分广告费都为品牌的口碑做加法，起到向消费者传达核心价值或提示他们联想到其核心价值的作用。久而久之，核心价值就会在消费者脑中烙下深深的烙印，并成为品牌对他们最有感染力的内涵。

打造门店品牌的目的和意义

从 1990 年到 2000 年，兽药行业经过 10 年的发展，由过去求大于供的局面逐步转化为以产定销的局面。在这 10 年的发展历程中，兽医站、各级批发商成为该时期的主导者，他们在当时扮演了重要的角色，是中华人民共和国成立以来兽药行业的先驱，也是首批通过销售兽药先富起来的人群。其典型特点就是，只要有货就能销出去，从不担心滞销。

随着行业逐步规范化和从业队伍的不断壮大，兽药行业也进入了 10 年黄金发展期，即 2000~2010 年，逐渐由以产定销转向以需定产。在这一时期，国家的宏观调控——兽药

GMP 的要求越来越规范；兽药经销商从原来的省级代理商逐步发展为市级经销商—县级经销商—乡镇级经销商，甚至到村级代理；销售模式也由原来的坐商发展为行商。随着竞争手段的多元化和激烈性，兽药发展的竞争也进入了白热化阶段。2015 年，电商的加入对兽药经销商又是一大冲击。

据统计，截至 2016 年 5 月，兽药 GMP 厂共计 1973 家，疫苗厂 113 家。专家预测，到 2020 年年底，GMP 厂将会降至 400 家左右，其余厂家要么被兼并，要么被淘汰。国家的宏观调控解决了兽药产品严重过剩问题。对于兽药厂家来说，未来 3 年能生存下来就是胜利。兽药厂家的销量将会聚集于某几个厂家。

未来 3 年，国内每个县的兽药门店最多只能存活 5 家。过去，一个门店守着两三个养殖集中的乡镇，200 多户 50 头左右母猪的养户，每年都能收入几十万元。这种"占山为王"的时代将一去不复返。何故？原来一个市场的大蛋糕，一个乡镇上十几家、几十家门店都能分一杯羹，尤其是行情好的时候。随着行业的发展，国家政策也出现调整，来了一家规模化养殖场，人家不愿意和经销商合作，一下子就分走了蛋糕的 20%；后来又来了一家电话营销，天天搞促销轰炸，搞得养殖户又惊又喜，结果又分走蛋糕的 30%；这还没完，信息网络越发发达，供货渠道也多了，很多养殖户自己或亲戚朋友也学着带货，又分走 10%；剩下的 40% 被县里几个大的门店分走 30%，最后剩余的 10% 分布于下面的几个小门店。

这也是为什么 2008 年兽药门店发展到顶峰时期一个乡镇能有几十家，可到 2017 年缩水到只有几家的原因。如今交通发达，一个门店不到一周就能把全县的养殖户转个遍，我们终于迎来了"大鱼吃小鱼"的时代。

一、打造门店品牌的目的

我们的目的就是在原有市场运作的基础上，通过策略性调整，成为当地销售、盈利最好的门店，并逐步形成门店的品牌价值、技术权威、知名度、美誉度、服务满意度、客户忠诚度、总销量、总利润等综合实力远超第二名，占据整个市场份额的 60% 以上，以绝对优势成为当地门店中的第一品牌！

二、打造门店品牌的意义

2015 年，电商叫嚣着"干掉中间环节"的口号，进军畜牧行业，传统的销售理念和模式瞬间被闯入者冲击得摇摇欲坠。当门店的阿莫西林卖 100 元 / 千克时，电商直接从厂家发货，到终端用户那里只需要 45 元 / 千克；当门店规模在 200 头以上母猪的用户越来越少时，电商推出了"集团购"，这些规模化猪场迅速与之接轨；当门店还在为如何回收市场欠款发愁时，电商早已不必考虑现金流的问题；当门店还在考虑今年收入如何增加 10 万元时，竞争对手已在为跻身行业三甲而磨刀霍霍……

要知道，我们打造品牌的真正意义在于解决兽药门店"如何有尊严地活着"的问题。长期以夫妻店形式经营的销售门店经常会遇到这种情况：若不是养殖户主动致电，我们进猪舍的概率非常低，大部分情况下是进不去的。按说，我们是技术老师，进猪舍就是工作的一部分，却被拒之门外。为什么会出现这种现象？是因为我们身上贴的"标签"过于寒酸。一旦门店的品牌打造出来了，便可以促使养殖户对我们重新进行"心智定位"。换言之，就是为我们身上的"标签"镀层金，让养殖户能够相信我们确实能帮他们解决专业性问题。

通过解决问题，用实力说话，让养殖户认可我们的服务。

针对兽药门店的诊断与分析

一、当地基本情况分析

1. 养殖分布情况

要掌握门店周边的养殖户信息，预估门店能够辐射到的范围包括哪几个乡镇、养殖场分布情况如何、养殖户的养殖规模如何、这些养殖场与门店的距离远近、我们能提供服务的养殖户数量是多少、养殖数量是多少……凡此种种都要一目了然，便于日后制作客户档案，进行市场布局。

2. 养殖户养殖时间的长短和整体养殖水平的高低

养殖户养殖时间的长短直接决定我们所要采用的合作模式。养殖户的养殖水平决定了养殖场的经济效益，经济效益的高低又和养殖户的观念息息相关。了解这些信息有助于我们制定和养殖户的合作模式。

3. 养殖户的用药习惯和用药水平

养殖户的用药习惯和养殖观念有很大关系。通常情况下，养殖理念比较超前的养殖户都习惯使用保健产品，很少用到治疗产品，畜禽也很少发病；而养殖观念比较落后的养殖户一般不用保健产品，什么时间发病什么时间用药，不发病就不用药。用药水平也显示出养殖户养殖观念的高低有别。现在，很多地区的养殖户还停留在使用原粉的阶段，认为原粉最便宜，不愿意接受新事物，更不愿意接受保健理念。

4. 疾病的现有状况、历史状况及趋势

我们要对最近几年当地市场的流行疾病进行分析，了解这些信息有利于调整我们的预防保健方案。制定养殖场的预防保健方案时，一定要结合当地的具体情况，不能盲目而为。在和养殖户沟通时，也要留意哪些信息是对方比较关注的，便于长期的同频交流。

5. 兽药经销商的分布状况

要对市场上的竞争对手信息进行收集、整理和分析，摸清他们主要分布在何地、其大致的市场范围，以及其主要市场在哪里。

6. 主要竞争对手的经营方式

最好列出市场排名前五的同行信息，每个经销商都要单独填一张表。具体见表4-1。

表 4-1　主要竞争对手基本信息表

姓名		年龄	
性别		民族	
经营时间		文化程度	
有无兽医证		社会关系	
技术水平		经营模式	
市场排名		年销量	
促销情况		个人爱好	
门店主要成员			
主要合作厂家			
主卖产品			
比我们有优势			
比我们有劣势			

二、门店基本情况及分析

门店基本情况和分析可整理成表格形式，方便对比核查。具体见表 4-2。

表 4-2　门店基本情况和分析整合表

姓名		年龄	
性别		民族	
经营时间		文化程度	
有无兽医证		社会关系	
技术水平		经营模式	
市场排名		年销量	
促销情况		个人爱好	
门店主要成员			
主要合作厂家			
主卖产品			

三、门店"SWOT"分析

1. 优势（Strengths）

当下，我们门店的优势是什么？门店在整个市场竞争中能否有一个或多个竞争优势？这个优势突不突出？是不是核心竞争力？是不是持久竞争优势？现在的优势能否支撑门店进入当地行业三甲？

2. 劣势（Weaknesses）

目前，我们门店存在的最大问题是什么？是市场问题、客户问题、欠款问题、团队问题、销量问题，还是利润问题？这些问题是不是致命的？该如何改进？

3. 机会（Opportunities）

针对当前市场，结合自身的优势，判断出路在哪里。思考我们的运作模式是什么，通过哪种市场运作模式能够生存下来，能够打败竞争对手，进入当地行业三甲。

4. 威胁（Threats）

以上提出的这些问题中，哪些对门店的运营是产生致命影响的？对此，我们有没有应对措施？这个情况若发展下去，我们有没有可能被市场淘汰？

制定门店的发展目标和规划

制定年度销量目标，会让工作方向更明确，量化指标也更有利于任务的完成。可以分为三个板块进行，具体如下：

（1）销量总体目标（具体数额）。

（2）销量目标分解（分解到每个月，甚至每一周）。

（3）支持目标完成的措施。

全年度保底销量是_____万元；

全年度的目标销量是_____万元；

全年度的冲刺销量目标是_____万元；

注：①保底销量。该销售指标是指在任何情况下都必须确保完成的任务量。每位门店员工务必拿出拼命的态度，保障这一目标的实现。②目标销量。这是真正"基本任务"，也是门店的"心理底线"，完成该任务责无旁贷！③冲刺销量。通过一定的措施和方案，并且执行到位就能完成这个目标。

一、区域销量目标分解

（1）×××乡镇销量目标。

全年度的保底销量是（　　　）万元；

全年度的目标销量是（　　　）万元；

全年度的冲刺销量目标是（　　　）万元。

（2）×××乡镇销量目标。

全年度的保底销量是（　　　）万元；

全年度的目标销量是（　　　）万元；

全年度的冲刺销量目标是（　　　）万元。

（3）×××乡镇销量目标。

全年度的保底销量是（　　　）万元；

全年度的目标销量是（　　　）万元；

全年度的冲刺销量目标是（　　　　）万元。

二、月度销量目标分解

（1）保底销量，合计（　　　　）万元。具体见表4-3。

表4-3　保底销量

202__年___月~202__年___月

月份	1	2	3	4	5	6	7	8	9	10	11	12	合计	备注
金额														

（2）目标销量，合计（　　　　）万元。具体见表4-4。

表4-4　目标销量

202__年___月~202__年___月

月份	1	2	3	4	5	6	7	8	9	10	11	12	合计	备注
金额														

（3）冲刺销量，合计（　　　　）万元。具体见表4-5。

表4-5　冲刺销量

202__年___月~202__年___月

月份	1	2	3	4	5	6	7	8	9	10	11	12	合计	备注
金额														

三、完成目标的措施

这里举例说明。假设目标销量设置为 200 万元，就需要 100 个客户年用药量费用在 20 000 元左右，月用药量就是 2000 元。

如果门店现有 200 个客户，面临的问题就是如何从这 200 个客户中培养出 100 个月用药量费用在 2000 元的客户。我们需要进行客户群分类管理。

客户质量标准划分方式具体如下（以猪场为例）：

1. 门店核心客户标准

3 个月内（截至计算日期以前的 3 个月，下同）至少有 2 个月的用药量费用在 3000 元以上（含 3000 元 / 月），且月均用药量费用在 1000 元以上。

养殖量在 50~100 头母猪者，且 80% 以上的药品是从我们门店购买。

养殖量在 150 头母猪以上者，且 50% 的药品从我们门店购买。

认可门店，在当地有一定的影响力。

门店将按不同的标准把有效客户划分为 A、B、C、D 四级：

A 级客户。养殖规模在 200~300 头母猪；猪场 80% 的药品都是由门店提供；对门店技术认可，产品认可；与门店建立较好关系。

B 级客户。规模在 100~200 头母猪；购买产品的地点不固定，哪里有好处去哪里买，没有主见，爱占便宜，对活动比较关心；对门店忠诚度一般，与门店私人关系一般；新开发两个月以内的养殖户。

C 级客户。规模在 50~100 头母猪；产品购买不固定。

D 级客户。个人信誉度不好；爱欠账；麻烦事多；不配合，自以为是。

2. 门店客户数量目标

现有 200 个客户中有多少 A 类、B 类、C 类、D 类，如果要完成销售目标我们还需开发多少养殖户，结合销售目标定下门店需要完成的 A、B 类客户数量；还需要拿出方案争取 C 类客户。

3. 门店现有基本情况

20 头母猪以下，70~80 户；20~60 头母猪，30~40 户；100 头母猪以上，20 多户；核心客户 24 户。

表 4-6　核心客户数量

202　年　月~202　年　月

月份	1	2	3	4	5	6	7	8	9	10	11	12	合计	备注
金额														

门店品牌规划与建设

2004 年提出兽药 GSP 后，自 2006 年起全国各地部分门店开始申请。截至目前，国家对这部分的管控越来越严格，兽药 GSP 门店基本上成为普遍现象。但真正严格按照 GSP 标准去经营的门店，则寥寥无几。原因大致有三：国家监管力度不够、兽药 GSP 门店自己不重视、客户也不关注。

这样的现状对兽药门店来说恰恰是一个机会。试想，入住普通旅馆和五星级酒店的感觉能一样吗？在普通旅馆，我们的行为很随意；但在五星级酒店，就会自觉地克制约束个人行为，尽量保持稳重的个人形象。是我们的素质陡然提高了？不是，是环境影响了我们！

时常听到门店经销商抱怨大型养殖场不愿意和他们合作。是产品不好吗？是价格太高吗？还是客户怕门店坑他们钱？都不是！是因为人家开了一辆奔驰车，却来到我们在路边开的普通修理门店，打内心深处就感到不信任，甚至认为我们不配给他们服务。所以，大家修车做保养的时候都会选择去 4S 门店，是他们便宜吗？不是！是技术好吗？不见得！是有朋友在，比较放心？也不是！因为我们相信 4S 门店后面的那个专业平台！

同理，假如我们背靠的平台能请到百名以上国内知名的专家教授，全国有 500 家"猪管家"连锁门店，而我们是其中一家，那么规模化猪场和我们合作的概率将大大提高。所以，我们首先要解决门店的硬件问题。

一、需要门店自行负责的项目

1. 门店门头制作

门头的制作要高端大气上档次。如果要找一个对标物，就看银行的门头是什么材质的，我们的门头就用什么材质。试想一下，如果银行换成普通的喷绘门头，我们还会放心把辛辛苦苦赚来的血汗钱存在那里吗？很多时候，外形真的很重要——相由心生嘛！一切都源于感觉，而视觉往往是最敏感的。

2. 设置会议室

会议室的功能有两种：一是门店自己使用。员工每周要开一次例会，时间可定在每周一上午 7:00~8:00。会议通报每位员工上一周的工作情况，自我评价，自我总结。领导对做得比较好的员工要及时表扬，包括物质和精神奖励；对做得不好的员工要及时纠正，并监督纠正落实的效果；同时吸纳好的建议和意见，并对本周的工作做好部署安排。每天晚饭后，员工可在会议室汇报一天的工作内容及拜访客户的情况；有养殖场病例发生的可将病例进行分析，共同探讨技术问题。

二是供养殖户使用。当下的养殖观念已经由对药品的需求逐步转变对技术的需求，为满足养殖户的这一需求，门店可将每月 15 日和 30 日定为技术培训日。在那两天，门店可以在会议室举办养殖培训课程，讲授一些养殖技巧和疾病防治方法，以及养殖户能够用得上的贴士类的内容，让养殖户感到在这里能够学到真正的东西。前期，养殖户对门店开设培训课可能还感到比较陌生，甚至会说三道四，但只要我们能够坚持 3 个月，之后的情况就会不一样了。拜访客户一般有两种方法：一种是登门拜访，直接和养殖户交流；另一种就是邀请养殖户来门店小坐，和我们面对面交流。举办养殖讲座就是后一种方式，而且也是门店今后要采取的主要的模式之一。针对养殖户的培训，门店也要做好充分的准备，制定一套行之有效的养殖知识培训课程，只要养殖户能把整套课程听下来，今后遇到一般的问题都能自己解决。我们的目的就是将养殖知识和技术传授给每一位养殖户。

3. 设置化验室

对门店来说，化验室也很重要：可以针对客户档案，按照不同养殖日龄进行动态抗体检测；可以针对抗体比较低的猪场进行治疗或提高抗体水平；一些难以控制的疾病可以通过化验室进行确诊和鉴定，充分发挥化验室的作用；利用化验室，实验每种药品对本地区疾病的特效治疗方案，做好记录和征集，并建立《门店兽药手册和疾病防治手册》。

4. 建立电脑做账和收银

在超市选购完商品，人们的第一反应就是去收银台结算。

何故？第一，超市有规定，就是现款现货；第二，收银台就设在超市出入口处，你根本就没有理由忘记结算；第三，已经习惯成自然了。

如果兽药门店也设有收银台，养殖户买完东西，必须经过那里。如果他想欠账，收银员就会告诉他："你给老板说一下吧！这事我做不了主。"一般情况下，养殖户是不好意思去说的，这也就解决了门店内买货欠账的问题。

那么，市场送货欠账问题该如何解决？做到"看病不带货，送货不看病"，两件事情不要由同一个人完成。送完货肯定要收账的，养殖户如果想赊账，送货人可以说："您亲自和老板说一下吧！这事我可做不了主！"如果养殖户确实没钱，他会当着送货人的面儿给门店老板打电话。通完话，送货人会说："既然老板同意了，那你给我打个收条吧！我要回去交账的。"记住，收条上一定要注明具体的还钱日期，到了收款时间，由送货人去收账。

对来门店采购药品的养殖户要电脑入账和收银。每天出去销售药品的车辆，早上要登记所带药品的数量，晚上进行对账，并清点产品数量，同样进行电脑入账。

5. 明码标价

对所销售的产品进行明码标价，让养殖户对每种产品的价格都清楚，方便他们自由选择。

6. 做好仓库管理

仓库要单独设立，进出库都要做详细记录。对过期或发霉变质的药物要及时上报。

7. 执证上岗，统一着装

门店员工要统一着装，每位员工均要在胸牌上标示自己的工作岗位。

二、需要门店统一的物品

处方签、标语、条幅、白大褂、客户档案记录本、笔。

产品与客户的筛选

我们要不停地筛选过滤，选出自己想要的东西。如果不去筛选，那么有很多资源会变成我们的负担。例如产品，门店的货品非常多，但有很大一部分根本就没有用，不是产品效果不好，而是我们不常接触这类产品，不知道什么时间、搭配哪个产品、治疗哪个疾病效果最佳。时间一长，它们会占用我们的仓库，占用我们的流动资金。一个年销量在百万元左右的门店，产品库占到 10% 属于正常。而有的门店产品库存能占到 30%，甚至更高。这样怎么去盈利？我们经常会听到这样的话："今年也就赚点儿货！"很多门店到年底账面上根本就没钱，但一算也赚了 20 多万元。这就是同行不同利！

一、产品筛选

1. 及时更新、淘汰产品

要保证门店销售的产品都是适应市场的产品；要及时跟进新产品，使门店产品具有独特的优势和明显的竞争优势。果断淘汰不适应市场的产品，凡是连续两个月都没有售出的产品要坚决淘汰。

2. 压缩库存

现在物流比较发达，我们要勤发、少发，节省出更多的资金流来。

3. 按需上货

门店所售产品架构要严格按照需求而上，及时淘汰那些与产品架构不相干的产品。

二、客户筛选

3个月净化一次客户群，淘汰那些人品差、信誉低、麻烦事多的劣质客户，及时开发优质客户。只有不断开展净化工作才能保证市场体系长久健康地发展。淘汰不良客户的目的是省出更多时间和精力去服务那些更有价值的客户。

门店 3 年规划方案

第一年：打下根基
（202__年____月~202__年____月）

通过一年的市场运作，我们将打下基础，202__年____月份门店内部管理达到以下标准：

1. 市场运作方面，我们要努力筛选出合适的养殖户骨干，初步建立市场营销网络，使市场网络的骨架初步形成；培养门店与骨干客户的黏性。市场销量达到____万元的销量目标。

2. 通过一年的运作，我们要摸索出一套适合自己门店的管理经验。让门店的每一位员工都能熟练掌握此套经验，并在此基础上，要不断地更新和完善，最终达到最优化。

3. 在人才储备方面，要初步培养出兽药门店近两年所需的大部分人才，储备 2~3 名有潜质的优秀人才，为门店的后备发展打下坚实的基础。

4. 门店要建立高效的组织机构，员工各尽其责，使门店的运作能健康顺利地进行；逐步完善内部管理，把门店管理上升到公司的层面，建立各种规章和机制，培养兽药门店独有的企业文化。

5. 制定出标准化的猪场《饲养管理规范》、兽药门店的

《工作岗位职责》《员工待遇制度和奖励处罚制度》《员工学习制度》《员工日常工作管理规范》《会议制度》《来访人员管理制度》《员工行为规范》《员工目标责任书》《兽药门店卫生制度》《员工值日制度》《财务制度》《员工晋升制度》等一系列规章制度。通过一年的运作和规范，让每位员工都能适应各项规章制度，并能很好地遵守。同时坚持贯彻实施，确保每位员工都能持之以恒地遵守。

第二年：巩固根基
（202__年___月~202__年___月）

在第一年的基础上，继续加强各方面的建设，使门店的根基更加牢靠。

1. 兽药门店管理和运作方面，我们将通过净化、整顿的方式，基本建立完善通畅、行之有效的兽药门店管理办法和经验；同时不断扩大深水港的养殖规模，使兽药门店和深水港分散养殖连成一片；不断锻炼骨干员工，使其综合能力得以夯实。

2. 人员培养和储备方面，我们要在各个岗位培养精干的队伍，通过净化和筛选使之成为我们团队的核心。我们要给每位人员发挥自己特长的机会，使其更好地为公司和兽药门店服务。认真贯彻执行人员选拔制度，发现、提携优秀员工，给其发展的空间。

3. 内部管理方面，要继续健全完善各种规章制度，使之形成一套行之有效的体系，使门店内有章可遵，行事规范。

4. 团队建设方面，各种机构的设立基本到位并能投入运行，使门店的团队更具战斗力，同时要基本形成企业文化建设的核心。

第三年：强力发展

（202__年___月~202__年___月）

本年度将是门店大力发展的一年，养殖门店的各项工作都步入了正规的运作渠道。门店将根据养殖户的具体情况，采用更多、更好的管理模式进行运作和市场扩张。

1. 门店将建立自己的人力资源部，对人力资源部投入更多、更大的精力，着力打造一个"技术精英团"，培养和吸收更多的人才。

2. 尝试进行新的市场运作模式，为体制革新做好试验。对已经成型且有一定运作门店经验的人员实行包干制，让他们的工资和业绩挂钩。

3. 加强和政府的合作关系。利用政府的社会关系，在门店内设立养殖培训班。利用门店的标杆企业，吸引更多养殖户加入门店，从而达到以点带面的效果。

客户定位

一、确定客户

1. 客户画像

在尚未开发客户之前，首先要针对客户做一件事——给客户画像。画像时，要想象客户长什么样子？距离门店有多远？其养殖规模有多大？他们的年龄大致在什么范围？饲养观念处于什么水平？资金状况怎样？他们的信誉度如何，用药情况如何？是以治疗为主，还是保健为主？客户有什么特点？他们的需求点又是什么？当把这些内容弄清楚之后，客户的画像也就出来了。

比如我们的客户群是：距离门店 100 公里之内，年龄在 30~55 岁之间；喜欢使用保健品；养殖规模在 30~200 头母猪；资金状况良好，可以做现金交易。有了这个画像，我们就可以在市场上寻找符合这些条件的客户，凡是条件不符的都不是我们的客户。既然不是我们的客户，就没必要浪费时间，把精力放在那些属于我们的客户身上吧！

2. 门店优势

客户定位和门店自身优势息息相关。比如技术优势比较明显，那么就可以在治疗呼吸道疾病、产房仔猪腹泻、母猪不发情等疾病中选出一个板块作为主攻对象，花大量精力和时间去塑造、宣传门店的这一优势，让更多客户认可这一点，并在目标群体中不断地口口相传，最终形成门店的品牌优势，达到客户定位的目的。

3. 时间管理

目前，很多经销商的工作效率非常低，每天拜访六七个养殖户就算非常多的了。不是大家不努力，相反，每个人都很努力，也很辛苦，但收效甚微，根本原因就是没有时间观念。合理的分配原则是把80%的时间放在20%的核心客户上，剩余20%的时间放在其他边缘客户上。而且需要模块化使用时间。具体讲，就是针对某一件事要集中时间去完成，不能今天做一点，明天再做一点，花费的时间成本是一样的，但结果的差距是比较大的。

4. 有所为有所不为

开发客户前，要先确定哪些是我们的目标客户。可很少有人能想到这一点，多是一看到养殖场就兴奋不已，不管大户小户直接敲门开发，从不考虑自己是否具有与之相匹配的服务能力，从而造成了大量时间的浪费。市场开发时，一定要有明确目标，做到有所为有所不为！

二、客户需求

1. 匹配

锁定客户后，要先了解他们的需求。比如他们关注什么？对经销商有什么要求？我们要把所有需求按主次顺序罗列出来，因地制宜地一步步为客户提供与之相匹配的硬件、软件服务。

此处试举一例。对于养殖 30~100 头母猪规模的客户，他们关注的往往是：

（1）对专业知识的需求。对此，养殖户不会很明确地告知，但我们可以通过他们的行为看出端倪。关于养殖，他们每天都有问不完的问题：母猪不吃食怎么办？母猪有一条腿疼站不起来怎么办？小猪拉稀怎么办？母猪平时多喂点烂西瓜对妊娠有没有影响？母猪便秘时间长对胎儿有没有影响？母猪有泪斑是怎么回事？母猪身上有红点是什么原因？诸如此类，单就一个母猪问题就会派生出层出不穷的小问题，作为兽药门店的经销商能否不厌其烦地为他们答疑解惑，成为他们的养殖顾问？

如果有心，这个问题并不难解决。我们可以将养殖户提出的问题整理成电子文档，并配上标准答案，连续整理一年，至少也能汇总不下千个问题。把这些答疑文档打印出来，给门店每个客户都派发一份，那么我们在养殖户心目中就是当之无愧的养殖专家！

（2）对疾病治疗的需求。能看病不算水平，能不能帮养殖户解决问题才是关键。当养殖户的猪群、鸡群发生疾病时，我们能否在第一时间雪中送炭，降低养殖户的经济损失，决定了养殖户对我们的态度。

可以把所有治疗都形成系统方案，如呼吸道系统的治疗方案、肠道系统治疗方案、母猪生殖系统治疗方案等。

（3）其他需求。此外，养殖户还有对质优价廉产品的需求、对行情信息的需求、对收畜禽渠道的需求、对养殖场设备的需求等。

2. 资源

我们要对客户的需求进行一个评估，看与手里的资源是否相匹配。例如要维护300头母猪以上的养殖场，他们对门店经销商是无感的，一是认为经销商的专业水平有限，在饲养管理上根本就帮不上忙；二是认为经销商从厂家进货，再卖给猪场，中间肯定有差价，还不如直接和厂家合作成本低。那么，这些猪场老板在意的是什么呢？他们更愿意花时间和精力与专家、技师沟通。那么，我们手里是否握有这样的资源？如果有，我们就能和养殖场说上话了。另外，我们手里有没有所谓的大品牌产品？这些大型养殖场喜欢大品牌，如果我们能够获得代理权，就有机会和这些大型养殖场建立合作关系了。可见，资源非常重要！

三、服务优势

1. 个性标签

2008 年，一个县城平均下来有不低于 30 家经销商（包括县级经销商、乡镇级经销商、村级经销商）；截至 2017 年，每个县城也不低于 20 家经销商。作为一个门店，要想在这么多经销商中脱颖而出，必须得具有个性。一个养殖户每天接待不下 5 个经销商和技术老师，如何让他们记住我们，相信我们，认可我们，最后选择我们？这就必须给门店设置一个个性标签。这个标签就是我们有的优势，也是其他门店所不具备的。

2. 聚焦

一个门店若能存活 5 年以上必定有其独特的优势。但形成优势仍远远不够，必须做到聚焦。例如现在很多做蛋鸡市场的门店，都有自己的防疫队，但光有防疫队不叫优势，必须聚焦，要打造出方圆 100 公里之内最好的防疫队。不论在人员素质、工作流程、服务态度方面，都要比其他家门店的防疫队高出一个档次，让养殖户经过对比绝不会再用其他家的防疫队。不论是开畜牧会议，还是进行市场宣传，防疫队都是首当其冲的，任何客户都可以体验我们的防疫队，可以此为突破口，最终达到销售产品的目的。

客户分类

一、养殖数量分类

大型客户：养殖量在 10 万只蛋鸡以上、3000 头母猪以上的；

中型客户：养殖量在 3 万 ~10 万只蛋鸡、300~3000 头母猪的；

小型客户：养殖量在 2 万只蛋鸡以上，200 头母猪以上的；

散户：养殖量在 1 万只蛋鸡以下，20 头母猪以下的。

二、门店销量贡献度分类

门店可按不同的标准把有效客户划分为 A、B、C、D 四级。以下以猪场为例。

A 级客户：养殖规模在 200~300 头母猪；猪场 80% 的药品都是由门店提供；认可门店的技术和产品；与门店建立良好的关系。

B 级客户：养殖规模在 100~200 头母猪；购买产品的地点不固定，哪里有好处就去哪里买，没有主见，爱占便宜，对活动比较关心；对门店的忠诚度一般，与门店的关系一般；

新开发 2 个月以内的养殖户。

C 级客户：规模在 50~100 头母猪；产品购买不固定。

D 级客户：个人信誉度不好；爱欠账；麻烦事多；不配合，自以为是。

三、合作模式分类

1. A 级客户操作措施

培养铁杆养殖户。

与有影响力的养殖户建立利益共同体（聘请为技术老师或顾问）。

树立标杆养殖户，推广预防保健方案，并跟踪服务，提高其经济效益，起到广而告之作用。

2. B 级客户操作措施

针对该级客户制定一系列的活动。

针对竞争对手制定产品价格体系，达到攻防坚守的效果。

加大对该类客户的监控精力，大力开发。

3. C 级客户操作措施

通过其他养殖户去影响他们。

通过活动去影响他们。

4. D 级客户操作措施

坚决淘汰。

"送给"竞争对手。

建立客户档案

一、建立客户档案

1. 意义

目前，全国 95% 以上兽药门店的客户资料都存在老板自己的脑子里，尚未形成书面的档案，维护客户全凭感觉，而没有数据支持。

建立客户档案后，第一年的效果可能不太明显，但第二年下半年就会看到变化，坚持 3 年后，客户档案给我们带来的好处就会非常明显。再见到客户时，可以这样说："我们这里有您猪场三年以来的详细档案，这三年内您猪场什么时间进的猪、猪群每月情况、防疫信息、发病信息、治疗信息都有。根据您猪场的既往情况，我们给您出一套如何净化猪场内仔猪腹泻的方案，您看需要吗？"

如果我们这样做了，客户是会去其他门店拿药，还是选择我们的净化疾病方案呢？结果不言而喻吧！

2. 建立档案，分工明确

A. 何人收集客户资料；_____负责；

建立客户档案是个系统工程，分工一定要明确，谁负责收集养殖户资料，养殖户收集的标准是什么，比如：养殖数量、信誉等，由谁负责登记客户资料，一般由店里内勤负责整理、签字、归档，把客户分类管理是最为合理的，比如养猪户和养鸡户分类管理等，更为详尽一点可以按养殖数量归类管理，这样更有利于后期精准服务客户。

B. 客户资料收集的标准；

C. 何人登记客户资料；_____负责；

D. 客户资料登记的标准；

E. 客户档案的分类管理标准。

二、蛋鸡客户档案

蛋鸡客户档案表详见表 5-1、5-2。

表 5-1　蛋鸡客户档案表

客户姓名：_____　　地址：_____　　电话：_____

鸡场基本信息（必填项）			
养殖数量		养殖年限	
进鸡日期（1）		进鸡日期（2）	
养殖老板个人情况（合作 3 个月后必须收集到）			
出生日期		受教育程度	
爱好		婚姻状况	
个人经历			

090

养殖老板家庭情况（合作3个月后收集到）			
配偶姓名		生日	
电话		兴趣	
子女姓名（1）		生日	
上学情况		爱好	
子女姓名（2）		生日	
上学情况		爱好	
子女姓名（3）		生日	
上学情况		爱好	
用药理念			
重视治疗或预防		注重品质或价格	

表 5-2　鸡场情况表

进鸡日龄：

5月	1~10	
	11~20	
	21~31	
6月	1~10	
	11~20	
	21~30	

续表

7 月	1~10	
	11~20	
	21~31	
8 月	1~10	
	11~20	
	21~31	
9 月	1~10	
	11~20	
	21~30	
10 月	1~10	
	11~20	
	21~31	
11 月	1~10	
	11~20	
	21~30	
12 月	1~10	
	11~20	
	21~31	

三、养猪客户档案

养猪客户档案详见表5-3。

表5-3 养猪客户档案表

姓名		性别		电话		猪场基础群（头）		县（市）			
猪场公猪群（头）		猪母系		猪父系		猪场地址					
备注											

日期	猪的类别	日龄（天）	发病数	死亡数（头）	发病特征	曾用药情况	用药方法	疫苗情况	曾用药	初步诊疗结果	解剖病理变化	诊断结果	开处方	用药后复诊情况	恢复结果	诊疗人员	备注

向时间要效益

一、时间分配原则

1. 改变想法

美国心理学之父威廉·詹姆士通过对时间行为学的研究，发现两种人们对待时间的态度，即"这件工作必须完成，但它实在讨厌，所以我能拖便尽量拖"以及"这不是件令人愉快的工作，但它必须完成，所以我得马上动手，好让自己能早些摆脱它"。

当你有了动机，迅速踏出第一步是很重要的。不要想着立刻推翻自己的整个习惯，只需强迫自己现在就去做你所拖延的某件事。然后，从明早开始，每天都从你的工作清单中选出最不想做的事情先做。

2. 罗列清单

把自己要做的每件事情都写下来。这样做能让你随时明确自己手头的任务。不要轻信自己可以用脑子把每件事情都记住，当你看到长长的任务清单时，也会产生紧迫感，督促自己马上行动。

3. 遵循 80/20 定律

生活中肯定会有一些突发困扰和迫不及待要解决的问题，

如果你发现自己天天都是在处理这些事情，那表示你的时间管理并不理想。成功者花最多时间在做最重要而不是最紧急的事情，一般人则都是做紧急但不重要的事。

4. 安排不被干扰时间

每天至少要有半小时到一小时不被干扰的时间。假如你能有一个小时完全不受任何人干扰，独立思考或者工作，那么这一个小时可以抵过你一天的工作效率，甚至有时这一小时比你三天的工作效率还要高。

5. 限期完成

巴金森在其所著的《巴金森法则》中写道："你有多少时间完成工作，工作就会自动变成需要那么多时间。"如果你有一整天的时间可以做某项工作，你就会花一天的时间去做它；而如果你只有一小时的时间可以做这项工作，你就会更迅速有效地在一小时内做完它。

6. 做好时间日志

你花了多少时间在做哪些事情，最好详细记录下来：早上出门花了多少时间、搭车花了多少时间、外出拜访客户花了多少时间……你会清晰地发现浪费了哪些时间。这和记账是一个道理。当你找到浪费时间的根源，才有办法改变。

7. 时间大于金钱

用你的金钱去换取别人的成功经验！一定要抓住一切机会向顶尖人士学习。仔细选择你所接触的对象，因为这会节省你很多时间。假设与一个成功者在一起，他花了 40 年时间成功，你跟 10 个这样的人交往，你不是就浓缩了 400 年的经验？

二、大客户的服务原则

大客户的服务原则是"晓之以理，动之以情"，找准客户的需求，用心服务。对待大客户，你不能天天和他谈价格，一定要找准他们的真正需求。

1. 产品需求

大客户对产品的需求一般是大品牌或有特色的产品。他们对品质的重视程度高于价格，通常会选择进口产品、国内大品牌产品或有特殊功效的中药产品。大客户往往不愿和经销商合作，他们的注册资金动辄几百万元甚至上亿元，而一个门店的注册资金才十几万元，最多也不超过 50 万元，他们会认为经销商和大型养殖场的级别不对等。

2. 学习需求

大型养殖户对场区的管理工作都存在困惑，很想向高手请教，对某一领域的专家是比较感兴趣的。所以，经销商不妨为大型养殖场老板提供一些学习机会，从而和他们建立更多联系。

3. 尊重需求

大型养殖场老板也是遵循"马斯洛需求"的，通过养殖挣到钱后，他们对尊重的需求也越来越多。

举例说明一下。开封市某门店的老板在这一方面做得就非常到位。前期，门店采用圆桌会议和中小型会议相结合的模式，在短期内开发了将近 400 个养殖户。为了维护这些养殖户，自 2015 年开始，他不再按照原来的老模式请专家老师过来讲课，而是分别请当地拥有 1000 头母猪和 800 头母猪的猪场老板轮流讲课。讲课内容很简单，就是介绍他们的猪场是怎么做的、人员是怎么管理的、饲料是怎么采购的、生产场区如何做保健等。既然这些大养殖户都是这样做，小养殖户也就没什么选择的余地了，有样学样，看人家用什么饲料，他们就用什么饲料；人家用什么保健程序，他们就用什么程序；人家用哪个厂家的疫苗，他们也选哪个厂家的疫苗。在这些大养殖场老板的带动下，2016 年门店销量突破 800 万元，而且一直有上升的趋势。截至目前，以上两位猪场主已被该门店老板聘请为门店顾问，所有产品均按进货价供给，年底还有顾问费和分红。通过这样稳定的框架在短短三四年的时间内最终把门店的销量从 200 多万元推到了 800 万元。

三、把时间花在能出业绩的客户身上

要把 80% 的时间花在 20% 的客户身上，这个规则很多门店老板都知道，但真正能做到的寥寥无几。

重庆的李总主要做蛋鸡市场，2010 年门店开始运营，起初发展得也非常辛苦，短短两年时间骑报废了一辆摩托车，却挣到了第一桶金，买了自己的车。门店发展的过程中，他发现没日没夜地奔波，一年到头虽也能收入五六十万元，这却不是自己想要的生活。2014 年起，他就开始琢磨如何轻松挣钱，并最终发现了一个规律：养殖户都是"群居动物"，通常五六个或十几个养殖户会信任同一个养殖户，大家的很多决定都是由这个养殖户决定的。

2014 年 6 月，他开始把这些有影响力的养殖户全部罗列出来，分别建立了详细的档案，研究他们的需求和偏好，最终整理出了一套行之有效的合作模式。这些有影响力、号召力的养殖户被牢牢地套住，心甘情愿地和他合作。2015 年起，李总就不再将精力放在散户身上，而是专注经营那 30 个左右的重点客户，需要出诊就每天上午 6:00 多开始转市场，在最短的时间内解决完所有问题，有些病例直接发微信沟通，效果也不错，还省时省力。通常一上午的时间就把一天中需要处理的问题全部解决完了，需要送货的话，交给专职司机就好了，下午 4:00 多就没什么事了。而且，他的门店客户数量从原来 200 多个增至 300 多个，业绩不但没有下降，2016 年的销量更是突破了 600 万元，直接进入全县前三名。

四、针对客户要有所为有所不为

那些人品好、不欠账的客户当然是我们的重点客户，对这类客户一定要时刻给予关注，及时掌控他们的发展动态；

对于那些人品好、但有欠账的客户要通过引领，帮助他们达到自身发展目的；对于那些人品差的现款客户，要在维系现款交易的原则上，用我们的真诚服务去感化他们。

当然，那些人品差又欠款的客户肯定就不是我们的对象了，赶快淘汰他们！

掌握核心客户

一、大客户的合作技巧

1. 朋友圈

中国有句俗语"物以类聚，人以群分"，养殖户也一样。500头母猪场的老板一般接触的都是同等规模猪场的老板，很少会和三五十头母猪场老板接触。要想和这些猪场进行合作，首先要能和他们说得上话，再根据猪场需求跟进产品。因此，我们要扩大自己的朋友圈，加强彼此间的互动。

屠宰场老板　屠宰场有时会压一部分猪场的货款，猪场老板因而会跟屠宰场走得比较近。我们或许很难接触到猪场老板，但和屠宰场没有利益冲突，可以尝试通过和屠宰场老板建立联系，进一步接触猪场老板。

饲料厂领导　大养殖场的饲料供应渠道一般都比较稳定，不会轻易更换。所以，猪场老板一般和饲料厂、饲料原料供应商的关系比较近。可以通过这条线寻找突破口。

其他猪场老板 猪场老板之间经常会有联系，只要找到一个突破口，尽量把关系维护到位，再通过他们找机会接触其他猪场老板。

2. 管理机构

畜牧局 要和畜牧局维系良好关系。畜牧局每年都有定期的技术普及课程，这些正是我们可以为领导分忧的工作。我们可以先和县畜牧局充分沟通，争取承担这类普及养殖技术的工作。得到相关领导许可后，再找到镇政府，和负责人沟通会议的时间、地点。正常情况下，每个乡镇每月都会做一次养殖技术的普及活动。大部分养殖户是不相信私营企业的，却对官方的安排非常配合，只要是官方出面组织的养殖会议一般都会准时出席，这便给承办活动的经销商提供了结识更多客户的机会。

环保局 我们要熟悉环保工作的各项要求，并清楚地知道养殖场怎么做才能符合国家的环保要求。要处理好和环保局的关系，为养殖户排忧解难。

动物检疫 动物出栏屠宰一般都要有检疫票，我们要和动检站的工作人员维持良好关系，当养殖户遇到相关问题，我们恰好有这方面的专家，可以及时雪中送炭，帮他们解决问题。

3. 兽药厂家

游学会 开发大型养殖户的关键在于，要学会创造机会和这些养殖场老板多多接触，而兽药厂家组织的游学会就是开发客户的良好契机，要紧紧把握好。

大型旅游 当我们门店的资历不足以和养殖场进行对接时，要借助厂家的力量。各大兽药、饲料、疫苗厂家会不定期制定大客户旅游方案，旨在更好地与大客户接触，他们通常邀请全国大型的养殖户到国外或者国内某一地方旅游，这时候兽药经销商要抓住这样的机会，到大客户那里推广，和客户一起参与厂家这种活动，一趟旅游下来，关系会变得密切，后期定会顺利合作。

二、关注每一个细节

1. 猪场组织架构图

开发猪场前，要对这些大型养殖场的组织机构图非常熟悉。首先，我们需要知道猪场老板是谁？执行总经理（场长）是谁？技术场长是谁？这几个人和老板是什么关系？每个人的兴趣爱好等。具体信息如下：

掌握目标客户的企业名称、地址、养殖品种、养殖数量、养殖动物的月龄。

老板的姓名、联系方式、生日、爱好。

企业主管的姓名、联系方式、生日、爱好。

企业现在用什么产品、用哪一家企业的产品、竞争对手的情况等。

总之，凡是能了解到的情况都要不厌其烦、事无巨细地记录下来，并建立档案。然后认真研究每一个客户的情况，找到他们的需求点，研究可能合作的有效方法，接下来就按照既定的方针去做，结果会非常可观！

2. 日常客情关系

和猪场的每一位主管都要维系良好的人际关系。逢年过节，登门拜访，送送礼物是必不可少的公关。最好和老板建立私交，在尚未达成合作前，可以平时相约一起喝喝酒、打打牌，在轻松的休闲活动中反而能够更好地了解彼此，建立良好的印象。

3. 猪场老板心理需求

猪场老板心理需求包括能够给猪场提供符合要求的产品、尊重需求、社交需求。

三、学会利用各种营销手段

1. 感动营销

就目前国内市场来说，感动营销堪称最为理想的一种销售模式。所谓感动营销就是通过日常的一些行为让客户对我们产生好感，进而认可我们、相信我们、信任我们，直至客户想做出回报，而回报的唯一方式就是购买我们的产品。

2011年，笔者所在团队在开发湖南常德市某县的一位养殖户时，通过闲谈了解到，一年前他骑摩托车时被一辆货车刮到，造成左臂骨折，致使现在每到下雨天手臂还会感到疼痛。当天下午，我们去桃源县县城买了6斤散装白酒、一个玻璃坛子和红花等活血化瘀的中药，并将药泡在酒中，当天下午就送到那位养殖户手里。对方非常感动，第二天就带着我们结识他的同学、朋友、亲戚，当天跑了7个养殖场，最后这些人都成了我们的客户。

2. 关系营销

在每个地区都是几个养殖户跟随一个较有影响力的养殖户，该养殖户用谁家的饲料、兽药、疫苗，其他几家也跟着用。只要争取到一个这样的"领头羊"客户，就相当于一起收获了多个客户，一举多得。

3. 持续拜访

持续拜访并不是针对每一位养殖户，而是要选择那些具有标杆性质的优质客户。这和上面说的关系营销差不多，只要争取并引导这个优质客户用我们的饲料、疫苗、兽药，其他养殖户必然跟着模仿。这个领头的养殖户就是我们要选择的标杆养殖户。

针对重点客户，我们要制订明确的拜访计划：前两次，可以以请教为名进行接触："在当地看了看，属您家的猪养得好，赚钱又多，您是怎么做到的？"如此请教两次后，要对客户进行回报，再去时可以带上价值100元左右的礼品。每月拜访2~3次为宜，切记，不要提有关产品的问题。2~3个月后会有收到良好效果。

4. 转介绍营销

转介绍营销的前提是介绍人对我们比较认可。这种方式的优势是转介绍来的客户忠诚度一般都比较高，即使和介绍人已经不存在合作关系了，但并不影响转介绍来的客户对我们的信任。

5. 促销

在整个门店的运营中，促销活动是不能停止的。而且，我们的营利性产品要分阶段进行促销。每次促销前，要设定促销目的，促销的产品一般不是治疗性或提升品牌的产品，多为营养保健品和打价格战的产品。具体分为客户体验促销、客户开发促销、产品上量促销。

客户档案应用

一、客户档案专人负责

1. 客户档案的形式

客户档案一般要做成两份：一份纸质版，一份电子版。纸质版主要是根据当地养殖户的密集程度而定，如果养殖量不是太密集，则以镇为单位设计一本，按照姓氏首字母为序。如果养殖量过于密集，则以几个村庄为单位设计一本。电子版和纸质版的内容大体一样，都是以乡镇或村庄为单位，每个养殖户单独设立档案，根据姓氏首字母排序。

2. 专人负责

客户档案一般由会计或内勤人员负责，要固定负责人，杜绝今天这个人负责、明天这个人没时间换别人负责的情况，否则效果会非常不好，专人专岗效率最高。

二、每日更新客户档案

市场人员要及时了解每一位客户的动态，登记在册，下班前将《客户拜访表》交给客户档案管理员。管理员要将这些动态信息整理登记在客户档案表上，纸质版和电子版同步更新。

三、每日筛选客户信息

每天上午，档案管理员要对客户信息进行筛选，重点关注最近几天哪个客户或客户家人过生日，哪个养殖场的畜禽该做防疫了，以及客户疾病治疗的情况等。信息筛选出来后，管理员要将之汇报给门店负责人。门店负责人根据事情的轻重缓急，安排不同的人员去处理。

四、中央指挥系统

档案管理员做完信息统计工作，要将所有需要处理的信息进行汇总，再上报给门店负责人，门店负责人会根据具体情况安排合适的人员去处理。事后，管理员要把每件事情的处理结果登记在案，进行归档，为日后和客户交往提供信息支持。

门店负责人要跟进事情的处理过程。如果这件事情没有得到处理，或是没有得到妥善的处理，务必尽快查明原因，进行督导或调解。负责人要确保所有事情都能有头有尾，顺利进行。

客户开发技巧

一、个性化标签

1. 形象个性化

国内每个县城都有不下 50 家经销商，如何让养殖户在最短的时间内记住我们？首先，要打造一个个性化的形象，如留个大光头、戴个个性化的帽子等，外形上的鲜明特点都可以给客户留下深刻的印象。

2. 名字个性化

正常名字一般不会给别人留下特别的感觉，但外号却很容易让人记住。大学入校时，笔者遇到同班一位姓于的同学。于姓虽然不多，但也不算特殊。为了提高自己的知名度，该同学索性就自称"干勾于",说得多了,大家干脆也跟着叫他"干勾于",久而久之,这3个字就成了这位同学的个性化标签,结果到校第三天全班70多位同学都知道有这么一位"干勾于"。第四天,班主任要选班长,由于大家彼此还都不太熟悉,有的甚至连名字都叫不上来,倒是人尽皆知的"干勾于"以绝对的"名望"优势应选成为班长。这就是名字个性化带来的红利,如果能根据自身的特点或优势起一个响亮的个性化名字,会更有利于业务的开展。

3. 营销工具个性化

名片 通常情况下,我们的名片都是印刷好的。名片的作用是让客户能知道我们是谁,最好是能够记住我们。所以,名片的设计最好也要突出个性化,不要用既定的设计模板,可以在名片上手写上我们擅长的工作或一句至理名言,甚至在上面画一幅画等。这样必定会引起客户的关注,有些客户会直接问我们这幅画是什么意思,这样就有了话题,更利于业务开展。

画册 给客户介绍产品时,我们一般还会提供一本画册,但对方往往根本就不会看。那么,不妨改用另一种展示方法,当给养殖户介绍某一个产品时,翻到画册中对应的那一页,一边和客户沟通,一边把这一页撕下来直接交给对方。这种行为带来的视觉冲击力非常强,效果也非常好,会给客户留下很深的印象。

二、场景沟通

养殖规模比较大的养殖户一般是比较难开发的。由于经销商一般都是去养殖户家，这样养殖户一直处于主动地位，而经销商处于被动地位，开发效果往往不好。这就像是和朋友借 5 万元钱，如果去朋友家向他开口，借成的概率没有把他请到自己家再开口高。所以，变换一下沟通的场景有利于开发客户。

去关系比较近的养殖户家时，可以向对方要求再邀请几个关系比较好的养殖户一起过来聊聊。不妨备些酒菜，方便畅谈畅饮。可以邀请客户到酒店参加圆桌会议，顺便谈生意。如果听说某个千头母猪场的老板要参加外地某公司举办的会议，可以提前到当地，再打电话约见，只说听朋友说对方要来这里，正好你也来此处办点事，刚好可以抽空见个面云云。甚至可以打听一下客户在哪个时间段会送孩子上学，我们可以提前准备好，制造一个正好遇见的机会，与之接触。当然，见面的机会还有很多，比如在兽药厂家组织的游学会、朋友办的红白喜事上……总之，只要有心，你会发现随时随地都潜藏着商机。

三、逢节必过

我们可以将一年中的主要节日全部登记在案，每一个都不要错过。节日期间用不着给客户发送祝福信息，既没人看，也不会有任何回复。不妨改为给每个养殖户发小额的红包，对方肯定都会收，而且不忘说声"谢谢你"。这时，钱多钱少并不重要，关键是让对方认可我们的为人处事，方便长期经营。遇重要节日，如春节、中秋等，要给客户准备相应的礼品，而且根据客户的不同情况设计不同的礼品。可以根据客户的爱好、生活习惯准备礼品，比如爱好字画的可以送字画，也可以依据客户的家庭情况准备礼品，比如有孩子的可以送个书包等有关学习的物品。

四、抓住特殊日子

根据客户档案的记录，可以掌握对养殖户来说较为特殊的日子，如生日、升迁、结婚、生子、调动、患病等。在这些日子，一定要发挥好感动营销的威力。

五、帮客户解决实际问题

2017年6月，笔者团队在某地转市场时，遇到青年鸡场的刘总。他说蛋鸡一旦出现问题，养殖户就找兽医看，兽医若解决不了就会把责任推到鸡场身上，这让他很是头痛。他刚处理了一个规模1.5万只的养殖户，蛋鸡都115天了，患了鼻炎，养殖户非说是青年鸡场没有管理好，要鸡场承担药费。

对此，我们给出的处理方案是给青年鸡场出一个工作流程，以便今后在和客户交往过程中一旦出现问题，鸡场可以实现免责。流程具体如下：

青年鸡场工作流程

一、鸡苗订单要规范

1. 制定新老用户的订单标准，新客户 2 元 / 只、老客户 1 元 / 只。

2. 所有订单必须要先打款，收到款项后和客户签订鸡苗订销合同，规定好详细内容，收到必须要给客户写收据。

3. 严格执行操作流程，坚决杜绝省略程序的问题出现。

4. 请一专业会计。

5. 引种证明。

二、鸡苗出场程序要规范

1. 出场前 5~10 天要与客户见面，给客户出示鸡苗饲养过程中的所有生产记录表。

2. 给客户提供 60~180 日龄建议防疫程序表。

3. 给客户提供用药保健程序表。

4. 交代接鸡后的注意事项。

三、鸡苗售后服务要规范

1. 1 周后主动与客户沟通鸡群情况。

2. 有专业技术老师为客户指导。

3. 让客户为我们转介绍客户。

服务是为客户提供价值的一种手段，使客户不用承担额外的成本和风险就可获得所期望的结果。在消费升级的背景下，人们对服务者本身也提出了更高的要求，消费者往往会在同类服务者中选择更专业、素质更高的那一个。

随着新经济时代的到来，客户对服务的感知变得越来越敏感，对服务体验越来越挑剔。在这种形势下，门店是否把客户利益放在首位至关重要。

网络营销与服务

随着互联网技术发展的成熟以及联网成本的低廉，互联网好比是一种万能胶，将企业、团体、组织以及个人跨时空连接在一起，使得他们之间信息的交换变得唾手可得。市场营销中最重要，也最本质的是组织和个人之间进行信息传播和交换。兽药经销商必须学会利用互联网工具与养殖户进行链接，以便更好地进行营销和服务。网络具有特点如下：

时域性 营销的最终目的是占有市场份额，由于互联网能够超越时间约束和空间限制进行信息交换，使得营销脱离时空限制进行交易变成可能，企业有了更多时间和更大的空间进行营销，可每周 7 天每天 24 小时随时随地地提供全球性营销服务。

丰富性　互联网的特点就是可以传输多种媒体信息，如文字、声音、图像等，可以充分发挥营销人员的创造性和能动性。

交互式　互联网通过展示商品图像，提供相关引擎进行资料、信息查询，来实现供需互动与双向沟通。企业可以借助互联网对不同传播营销活动进行统一的设计规划和协调实施，并传达给消费者，避免因传播中的不一致性而导致的消极影响。

个性化　互联网上的促销是一对一的、理性的、由消费者主导的、非强迫性的、循序渐进式的，而且是一种低成本与人性化的促销，避免了人工推销的强制干扰，并通过信息提供与交互式交谈，与消费者建立长期良好的关系。

一、网络营销的四大核心平台

1. 微信公众平台

可以建立微信公众号，为周围养殖户提供价格和疾病防治方面的信息等。运营公众号时，需要注意两点：一是标题要设计得标新立异，能抓人眼球；二是内容为王，一定要言之有物，尽量分享干货内容。

2. 社群营销

要建设好微信群的组织架构，分门别类地管理客户，杜绝所有客户在一个群内；尽一切努力让微信群保持较高的活跃度。

3. QQ 群营销

鉴于使用习惯，目前还有部分用户热衷于 QQ 沟通，营销方式同微信群操作，不再赘述。

4. 短视频营销

短视频的兴起开创了兽药营销新时代，我们可以利用抖音、快手等短视频工具录制标新立异的宣传视频，广为传播，建立自己的知名度。

二、门店公众号运营

1. 行业定位

首先要认清自己的行业定位，前期宣传以软文推广为主。软文的写作要求：要围绕养殖户最关心的话题展开；从细节入手，每篇文章要抓小放大，立足某一焦点或热点展开，要有鲜明的立场和态度；图文并茂，视频与语音相结合；文字宜少不宜多，宜短不宜长；文章以连载形式为佳；文章发表时间最好固定，让粉丝形成阅读习惯；版面编辑要美观大方、通俗易懂。

2. 受众群体

主要是养猪场或养鸡场的从业人员，以及与养猪、养鸡行业相关的人士。

3. 客户需求

要及时掌握客户各方面的需求，急客户之所急，通过公众号的内容推送，能够提供具有实操性的建议或方案。如为猪场提供饲养管理模式的建立标准；对养猪场或养殖户进行二级分销，凡是能为我们提供资源或帮忙推销的人员给予一定的提成或报酬；开通视频诊断功能，可与养猪场随时进行视频诊断；还可以开通或研发在线诊断软件，让养殖户将畜禽的症状及病理现象输入系统，系统可自动判断疾病的类型和轻重程度。

4. 学习工具

养殖户可以通过公众号的软文了解有关养殖技术的各类知识，积累他们的知识储备，帮助他们实现科学饲养，满足其提高经济效益的需求。

5. 公众号运营策略

针对每天用药的养殖户，除了给其开处方笺之外，还可以通过微信告诉养殖户，药物的使用方法、什么时间使用效果最好、几种药物能否同时使用等信息。让养殖户熟悉药物的使用方法，既可防止他们在用药过程中出错，又可让他们对药物使用形成习惯，还可体现门店的服务质量。

每天定时给养殖户发送养殖知识。比如夏天较热，猪的采食量较低，加之夏季猪的采食量本来就少，很可能会引起发病。这时，可以告诉养殖户给猪添加一些 VC 类药物，既可降暑，又可提高它们的群免疫力，等等。把一些比较实用的养殖小知识以微信的形式推送给养殖户，令其在无形中能够学到养殖知识。

门店用户中不乏全程（包括仔猪、疫苗、兽药等）使用我们产品的忠实客户。可将其中效益比较好的佼佼者树为典型，在公众号撰文宣传，让其他养殖户知道在我们的服务下，可以获得怎样的发展和前景，刺激更多的养殖户选择我们的产品。

三、门店个人微信号运营

1. 微信头像的设置

互联网时代让人们的生活发生了翻天覆地的变化，大家必须学会透明化生活。现在很多人在设置微信头像时还是沿用之前使用 QQ 的习惯，一般会选明星、风景、动物、动漫的图片，唯独不用自己的照片。试想一下，当发现有陌生人添加好友时，如果第一眼看到对方的头像是风景或明星图片，你会有什么样的感觉？是不是有一种不太真实的感觉？你是否会通过？对笔者来说，看到这类头像时的第一反应是翻翻他的朋友圈，如果是同行，一般就会添加，但并不代表对他有好感；如果不是同行，就直接忽略不计。相信很多人会和笔者做出同样的选择。那么，怎样设置头像能给对方留下好印象呢？笔者以为，可以选择穿正装的近照，最好是中近景，这样的话，在不放大头像图片时也能清晰地辨识我们的形象。这样做最大的好处是，当我们添加或被添加为好友时，对方能感到我们是一个真实的人物。特别是对经销商来说，养殖户一般多分布在门店周边百公里以内，交易合作时大家都是会见面的，真实的头像会让对方感受到我们的诚意。

微信解决的就是"网恋"问题。此"网恋"并非传统意义上的网恋，而是指通过互联网社交工具和陌生人建立相识、相知、相交的过程。使用微信交流多次后，一旦我们和客户在某个场合见面时，对方很可能一眼就认出你，然后惊喜地表示："嘿！我见过你，我有你的微信！"这样的开场能够迅速拉近彼此间的心理距离，对营销而言是相当有利的。

2. 微信名字的设置

至于微信名字，大部分人喜欢用昵称，可以是一个字、一个词、一个成语或其他，很少有愿意用真实名字的。这样做当然具有一定隐匿性，在一定程度上是对个人信息的保护，却也往往很难让别人记住，更谈不上给人留下深刻印象了，对营销来说基本没什么帮助。很多情况下，名字就是一个代号，代号存在的意义就在于被人识别。既然如此，我们可以做两种选择：一是用"真实名字＋门店名称"的形式；一是用一个能给人以联想的名字，如"宋富贵""田蜜蜜""钱多多"，别人看一眼就能记住。

"真实名字＋门店名称"的形式强化了经销商个人的形象，

可看作是门店的一种硬广，会起到很好的宣传效果。跨区域营销已经大势所趋，经销商除了要熟悉自己区域内的养殖户，而且很有必要通过微信群、QQ群等社交软件结识更多的养殖户。同理，养殖户也会通过这些社交软件接触更多的经销商，一看到"真实名字＋门店名称"这样的组合，便有了先入为主的印象，会觉得你很真诚，是个实干派！

第二种用一个能给人联想的名字，如"俏十岁""钱多多""朱八戒"等名字，会让一个陌生人看到后感觉非常有趣，有调侃你的冲动，也许会问"你真的叫朱八戒吗？""真名不是。""那你怎么叫这个名字呀？""那是我在2016年门店10周年店庆时表演了一个节目叫'猪八戒翻身记'，当时扮演猪八戒，给很多人留下了深刻印象，大人小孩都喜欢，我姓朱，干脆就叫朱八戒，我的头像也改成当天表演的照片，便于大家记忆。"通过这次交谈，能很快地和客户消除陌生感，让他对我们产生好感，有利于继续交谈下去，最终交流顺畅，为线下拜访做好铺垫。

3. 微信交流方式

设置好头像和名字，就可以添加养殖户了。添加好友固然容易，动动手指即可，难就难在具体沟通上。如何才能和养殖户顺畅沟通呢？

沟通时，我们需要掌握一个原则：如果养殖户给我们打字，我们也打字回复；如果对方使用语音，我们也要用语音回答。用语音的好处是，当客户看着我们的照片，知道我们的名字，还能听到我们的声音，一个人的形象就立体了，相当于完成了一次面谈的流程。如此更利于我们与养殖户交流。

四、如何添加专业养殖群

1. 找人换群

设置个人微信号是为了能找到更多的养殖户。互联网时代为我们提供了极大的便利，寻找养殖户的途径也非常多，最常用的就是添加养殖群。

养殖群一般分为全国群和地方群。全国群是指以行业命名的微信群，群成员来自全国各地，没有区域限制；地方群是指以市、县为单位的微信群，其范围一般比较小。这两类群都要添加，各有各的优势。全国群传递的都是行业的共享信息，有点类似于新闻通稿，如某地即将召开行业大会、召开的具体时间、受邀的专家都有哪几位等，还有当日全国的鸡蛋价格走势、毛猪行情等行业内信息。添加全国群有利于收集并了解业内信息，便于及时对自己的生意及养殖情况做出调整。地方群的成员一般都是养殖户，其他行业的人比较少，交流的话题也都比较直接，一般都是直奔主题，便于业务的开展。

换群时，一定要注意个人心态。刚开始玩微信时，大家都比较谨慎，好不容易找到一个人愿意换群，别人给我 1 个，我也给别人1个，恐怕自己会吃亏。其实，微信群是公关资源，换群时完全可以大方一些、自信一些，别人给我们拉5个，我们可以还给别人8~10个。谁不愿意和大气坦荡的人多多结交呢！

2. 客户拉你进群

一般来讲，地方群的质量都比较高，多换换当地养殖群，对我们拓宽人脉非常有利。还可以鼓动养殖户给我们拉群，拉一个群，发数额不等的红包，以示感谢。正常情况下，我们手里至少要有50~100个微信群，才能有助于业务的推广。

3. 换群后的管理

保存通讯录 换群后一般要保存通讯录，一是防止群丢失，二是便于查找。通讯录的保存方法是：打开微信群，会看到右上角上有一个"…"符号，打开后向下翻，找到"保存到通讯录"，点击即可。

消息免打扰 加群后，群内的信息会比较多，每来一条都会提示一下，很烦人。可以对微信群设置消息免打扰功能，操作方法同"保存通讯录"。

重要的群置顶 自己建的微信群或比较重要的微信群（如我们这两天想把某个微信群内的养殖户加为自己的好友，由于每天加人的数量有限，可以置顶）要置顶。置顶的方法同"保存通讯录"。

五、短时间内将全县养殖户信息收集到位

1. 添加好友要定时定量

当手里积累了一定数量的微信群后，就要添加群内养殖户为好友。需要注意，微信加人是要遵循一定规律的。

很多经销商在添加好友时会发出一系列抱怨，如对方迟迟不愿通过好友验证，每天工作量很大，效果却非常差。笔者在指导这些门店时，也发现了同样的问题，后经研究判断症结出在了加人的时间上，并得出每天加人的最佳时段为：每天的 6:00~7:30、11:30~14:00，以及 20:30 以后，这三个时间段好友验证最快，效果也最理想。

另外，微信对添加好友也是有一定规定的。2016 年以前，添加好友是没有限制的，只要你有时间，对方也愿意，想加多少加多少；2016 年 1 月，微信对添加好友进行了限制，每人添加好友的次数不能超过 20 次，否则会被系统屏蔽。这个屏蔽当事人是不知道的，超过 20 次的添加申请对方是看不到的。2016 年 10 月，添加次数再次被限制，超过 12 次左右就会被屏蔽。

2. 验证通过的技巧

好友验证通过的技巧有二：一个是把控好添加的时段（前文已述），一个是添加正在群里说话的。一般掌握了这两点，验证通过的概率还是比较高的。

如何把微信发挥到极致，让它能更好地为我们服务？一

且运用到位，即使不出去跑市场，短短1个月的时间也能让我们把本县养殖户的信息全部收集到位。具体方法如下：

首先，创建自己的微信群。当下，每个经销商都有自己的微信群，少则1个，多则可达10个以上。

其次，鼓动群内和我们关系比较好的养殖户把周边养殖户都往群里拉，拉成一个发1元以上的"私包"。红包的金额不宜过大，微信最初设计红包这个工具时，其初衷就是娱乐，为了让参与者体验中奖后的喜悦，数额一般不用太大。试想现实生活中，如果地下掉了1毛钱，估计都不会有人弯腰去捡，但在微信中如果能抢到1元以上的红包，基本就算是"巨款"了！在给个人发"私包"时一般超过1元，对方就会有感觉。在微信群发红包，如果是300人的大群，一次发3元，假设50个人抢，有20%的人能抢到就可以了。

然后，针对进群的养殖户，要在第一时间和他们进行沟通："您好，您是哪个镇的？""您的养殖场在哪里？""您贵姓？""您是养猪的，还是养鸡的？""你们村的×××，你认识吗？"和新进群的养殖户短期内至少要交流3~5次，按照添加好友后的交流方式即可。

交流3~5次后，我们就把养殖户的详细信息都收集到位了，包括姓名、地址、电话、养殖数量等。然后，抽时间拜访养殖户，可以使用这样的话术："您好，Z老板！今天去Y老板那里看个病，正好路过您这里，就进来看看。虽然在微信上咱们也聊了几次，但一直也没见过面，正好今天有时间，来您这里学习学习。"凡是在微信上沟通过 3 次以上的养殖户，见面时都会非常热情，不会有那种初见的隔阂感和过分的防备心，有利于业务的开展。

按照以上方法，一个镇一个镇地操作，正常情况下不出 1 个月，全县千余个养殖户负责人的微信就能加全，并能收集到所有养殖户的详细信息。

3. 好友的管理

对于已经成为好友的养殖户要定期沟通。微信设置里每次可以同时给 200 人发送信息，我们可以每天把最新的行情资讯以语音的形式给每位养殖户传递到位，包括最近流行什么疾病、疾病的具体症状、如何防控等内容。当然，并不是每个养殖户都会对此买账，肯定会有一部分人对这种方式不认同。但我们不要忘了，营销最核心的一个问题就是——认清我们的客户是谁？一定是那些和我们志同道合、三观相符的人。换言之，就是喜欢我们、认可我们的人。至于那些不相为谋的客户不要也罢，没必要在他们身上投入过多的精力，同时要及时把好友里的"僵尸粉"踢了，更换新鲜血液。

六、如何打造个人朋友圈

1. 多发图片少发文字

利用微信营销时，一定要经营好自己的朋友圈。其实就一个原则：让自己成为朋友圈中的网红，把好友都培养成粉丝。如果我们天天都能吸引他们的眼球，生意想做不好都难。

当然，想成为网红，一定要讲究策略。虽然我们是在做营销，但一定不能在朋友圈里强行发布广告，这样做的成本固然很低，但也很招人烦，很有可能短时间内就被大部分好友屏蔽了。所以，发朋友圈就一定发一些人们想看的东西。很多人都想知道自己关注的好友会做些什么、现在的心情如何、未来有什么样的计划等，所以一些反映真实生活的图片都会引起共鸣。另外，当代人的生活都是碎片化的，每个人的时间都很宝贵，所以在一些信息的停留时间上非常短，只会关注自己比较在意的事情，如果第一眼不能吸引他们的眼球，那么我们就已经没有机会了。所以发朋友圈时，尽量多发图片少发文字。

2. 朋友圈生活化

很多人在发朋友圈时害怕被人知道自己不好的一面，所以发的内容都是被加工过的，自己累，别人看着也累。这种粉饰过的信息往往无法引发共鸣，大家真正想看的是真诚的、质朴的、未经雕饰的本色生活。所以，让我们收起伪装的面具吧！让朋友圈真正成为拥有灵魂的朋友圈，展现一个真实的自己。只有这样，朋友才会靠近我们，彼此建立信任，进而信任我们所推介的服务和商品。

3. 点赞和评论

如今，很多人都在抱怨跟客户聊微信，对方都不太愿意回复。其实，客户不回微信也属正常现象，任谁也不可能天天从我们这里购买产品。如果我们公事公办，只和客户沟通产品，不再涉及其他内容，你让客户怎么回复？

若想和客户建立良好关系，首先就要相互认同。从哪里开始呢？不妨就从及时点赞、评论朋友圈开始。微信主页面上最吸引人的莫过于"发现"一栏中的那个小红点。一般人的习惯是打开微信先看小红点，既可以看到别人给自己的点赞或评论，也能看到好友们的更新。如果一个不怎么熟悉的人给我们点赞连续 3 次以上，我们都会点开此人的微信看看到底是谁。不论是陌生人，还是熟悉的朋友，只要对方留下了评论，我们一定要尽量回复。当然也有人说，我也给客户发评论了，但他就是没有回复啊！如果是这样，不妨扪心自问我们的评论是否真的评到了点子上，是不是真正读懂了客户的意思。比方说，你在朋友圈看到有个客户 23:00 发了一张非常美丽的弯月图片，配文："今天的月色真美啊！干活儿正好省电。"如果你耿直地评论："今天才阴历初十，到阴历十五月亮会更美！"你觉得客户回复你的概率是多少？客户想表达的意思很可能是"今天工作到晚上 11 点多，真的很辛苦"，跟月亮没有半毛钱关系。你的误读则很可能让客户觉得自己遭到了嘲弄，会适得其反。

谨记，精神上的对等才能形成有效的交流。

七、门店微信群的运营

1. 如何建群及维护

（1）建群的目的。门店要建立自己的微信群。现在，每个经销商手里至少有 2~5 个自建微信群，但很多都变成了"死群"。全国经销商手中的微信群有 98% 以上都是死群，但还有一部分群的活跃度非常高，每个人都愿意在里面说话，大家相处得非常好。那么，如何盘活一个微信群呢？这是一个非常值得探讨的课题。

首先，我们需要明确建群的目的——当然是为了卖货！微信群有两种：一种是营销群，一种是技术群。营销群以卖产品为主，但卖产品要有卖产品的方法，如果直接在群内做硬广，客户一般是不买账的，还容易产生抵触情绪。如何变通一下呢？可以改为技术老师在群内讲课，内容围绕养殖户平时遇到的具体问题，这样就非常接地气了。但课讲得再好，想解决问题还是要落实到产品上来。所有营销群的核心是通过讲课引入产品，帮助养殖户解决实际问题。技术群不卖产品，就是给群内广大养殖户朋友解决具体的技术问题。

（2）建立群家园，组成群构架。一个村庄内有领导班子，领导班子就是组织机构，所以微信群也要建立自己的组织机构。微信群内除了群主和养殖户，技术老师必不可少，主要解决养殖户遇到的具体问题，一个问题解决，下一个问题跟着就会来，形成一个会议循环。可问题是现在很多群内都没有人提问。既然没人说话，群主不妨发动门店员工在群里制造一些话题，有人充当养殖户的角色，有人担任技术老师，有问有答，先把氛围制造起来。这时，群内其他人或许还在保持沉默，但不用担心，大家都没闲着，他们是在考核老师的技术能不能达到较高的水平。通过几次的观察，如果认为技术老师的水平过硬，就会有真正的养殖户提问了，有一个就会有两个，有两个就会发展到三个，然后越来越多，我们的微信群就活跃起来了。

（3）建立群规及互动。运营微信群时也要设立群规，正所谓"没有规矩，不成方圆"。既然是养殖技术交流群，第一，不能随便拉非本行业的人员入群；第二，不能乱发广告；第三，群内要传播正能量，杜绝负能量；第四，不能发表反动言论等。群规务必严格执行，对于不良现象不能有任何姑息，群一旦乱了，就会伤了那些忠实粉丝的心。

2. 利用微信群营销

（1）通过讲课吸引更多养殖户。想成为优秀的经销商就一定要学会讲课，过硬的专业素养加上出色的口才基本就是成功的叩门砖了。若想经营好一个门店，需要大量养殖户的支持。如何得到养殖户的青睐呢？最快也是唯一的方法就是讲课，借以展示我们的技术水平、我们的门店、我们的产品，让养殖户能够直观地感受到通过我们的服务和指导，就能收获巨大的经济效益，从而认可、信任并最终选择我们。

　　可每周讲授 2~3 次课程，固定具体时间，并持之以恒。

技术专家从来都是受人尊敬并信赖的，将自己打造成业内专业人士，为后面推广产品打下坚实的基础。

（2）讲课内容。讲课的内容不用照本宣科，搞得那么死板，可以用最近几天经历的一些事情，可能是饲养管理方面的，也可能是疾病方面的，所用图片最好都是最近市场的案例图片。这样，听课的养殖户会觉得我们都是有备而来的，讲的全是身边亲历的事情，更具参考性，而不仅仅是用书本上现成的东西来应付，让大家看到我们的诚意，有助于建立彼此的信任。

课件设计分为以下四个部分：

一是引课，一般是通过某个现象引发本节课的主题。如母猪便秘是个现象，据此引出这次讲课的话题。

二是罗列，即列出由此现象引发的后果。如便秘给母猪造成了什么危害，会带来哪些不良后果等。

三是分析，解释引起这种现象的原因。如引起母猪便秘的诱因是什么，可详细列出来，逐一分析。

四是解决，给出处理这种现象的方式方法。如解决母猪便秘的方案有几种都写出来，告诉养殖户应该注意的事项。解决方案一定要详细，具体使用什么产品、用量多少、用药时间等，事无巨细，都要罗列清楚。

（3）师生互动，增加黏性。群内讲课时间不宜过长，而且不能以讲为主，独角戏演久了，养殖户根本没有耐心和精力听下去，但时间太短的话，又容易让养殖户觉得我们是在敷衍，所以，上课时间设定在 40 分钟左右为宜。讲完课，要加强师生互动，特别是针对一个较为复杂的问题可以在群内展开讨论，大家群策群力，增强每个人的存在感，巩固群的活跃度。当然，所有问题的解决方案最终还是要落到产品上，这才是我们最终的目的。

八、利用公众平台宣传门店

1. 撰写文章

门店若想成为养殖户心中的"网红"，需要经常在公众号发表文章。内容以市场上常见的案例为主。写作要求如下：

文章要图文并茂，以图片为主。为适应当下大众碎片化的阅读习惯，我们要格外凸显图片的作用。一是图片可以承载更大的信息量；二是看图说话比单纯的文字叙述更加形象，刺激感强；三是一目了然，让受众获得信息的时间变短，方便快捷。

文章字数不宜过多，但要以超过 300 字为准。微信公众号的文章只有超过 300 字才能申请原创，而人们一般都喜欢看原创的内容。

文章的题目切记新颖。目前自媒体甚至主流媒体都是"标题党"，利用别出心裁的标题引流，题目取得好文章就成功了大半。流量为王的时代，更需要高超的包装技巧，只有被关注，才有成功的底气。

制作音频资料。现代人的精力有限，即便有心学习，也不得不压缩学习的时间。过去传统的学习方式就是看书、看报、看新闻，现在流行新媒体，怎么快捷怎么玩，我们不妨投其所好，将文章改为音频版，那么粉丝可以随时播放，甚至反复聆听。随着有声书的日益普及，通过音频学习将成为未来的一个大趋势。

2. 推广文章

文章完稿后需要推送。很多人选择在朋友圈内发送，这只是其中一个途径，如果想让文章的传播力度更广，必须做到以下几点：

文章必须定时发送。门店一般申请"订阅号"为宜，每天发送文章的时间要固定，可以选择每日早 6:00 发送。连续坚持两个月以上，养殖户就会形成阅读习惯，每天早上起来的第一件事就是看看我们发的文章。如果哪一天没有准时更新，养殖户可能就会问："今天怎么没有文章呢？是不是出了什么事情？"这样的阅读习惯有利于增加我们与客户之间的黏性。

文章推送后要转发至各个微信群。如果只在朋友圈发送，看到的人是非常少的。每次可以转发 9 个群，连续发 10 次就能发 90 个群，一个群平均 300 人，那么我们的文章就有可能被 27 000 个人看到。反之，微信好友一个号封顶是 5000 人，何况我们也没有那么多好友，如果只推送朋友圈，这中间可就是云泥之别了。

发动朋友帮忙转发。每个人的朋友圈都是不一样的，能有更多的朋友帮我们转发文章，就会有更多的人看到。一个运作良好的经销商 1 年下来会累积 50~70 个朋友愿意帮忙转发，每个朋友按 1000 个好友算，就会有 5 万 ~7 万个好友看见。这就是朋友圈的影响力！

3. 写自己事迹提高个人知名度

经销商要想成为养殖户的"网红"，就要有动人的故事做支撑，任何一种营销都没有故事营销的穿透力强。想提高自己的知名度，就要有感而发，写自己的真实经历，这样更能引发客户产生共鸣。如果他们先被我们的故事感动，就很愿意来了解我们，后期也更容易接受我们的产品。由此，经销商个人也好，门店也好，知名度就被打造出来了，而且非常自然。

九、短视频营销不可忽视

近两年，有一种营销模式被人们广泛传播，不管你是身在一线城市，还是在农村种田养殖；不管你是 70 后、80 后，还是 90 后、00 后；不管你用的是安卓手机，还是苹果手机，几乎人人都在体验由它带来的乐趣和便利——它就是短视频。不得不承认，短视频已成为现代人生活中不可或缺的一部分，日渐取代图文信息，而成为大众在工作、休息以外碎片化时间里主要的记录生活、娱乐休闲的消遣方式。

短视频的爆发为兽药经销行业的发展带来了巨大的契机，

人们耗费在纯文字阅读上的时间越来越少，大部分图文内容正在被更直观、更生动的短视频所取代。短视频的优点在于制作门槛低，短短 15 秒就可以实现引流，吸引大量粉丝关注。许多养殖户通过快手、抖音等短视频平台展示自己，有的甚至玩起了直播，带货量非常可观。同时，我们也可以通过短视频介绍养殖技术、疾病预防知识，借以吸引养殖户的关注，随后再一步步地进行转化。

会议营销策略

会议营销，是指通过寻找特定养殖户，利用亲情服务和产品说明会的方式销售产品的销售方式。会议营销的实质是对目标养殖户的锁定和开发，对养殖户全方位输出企业形象和产品知识，以专家顾问的身份对意向养殖户进行关怀和隐藏式销售，对商家出售产品、消费者了解产品都有很大帮助。最终目的是通过向消费者提供全方位、多角度的服务以便与消费者建立长久的关系，从而提高消费者的满意度和忠诚度。

由于会议营销涉及的范围比较大，包括事件营销、活动营销、服务营销等诸多营销范畴，要求相对比较高，任何一个环节的操作失误都将是成功的绊脚石。会议营销是众多营销的集大成者，优势在于使销售环节加快，周转便利，是直接产生销售利润的最佳途径；弊端在于多功能营销的员工素质与法规的衔接能否到位，这是一项非常重要的工作，直接影响市场销售的效果。

会议营销的真正意义在于销售与渠道、销售与市场、销售与各方利益关系的客观综合效能的最大化，是现代企业对应市场的有效途径，相当于高科技下的航空母舰，会议营销对现代营销的作用可想而知。成本营销是现今销售中最大的问题，利益的回报是这个行业要求比较高的现象，可以通过理解与实践，也可以借鉴成功企业的会议营销模式，分析其中的利弊，从而从真正意义上用好会议营销。

一、会议营销的分类

1. 圆桌会议。分为两种：一种是我们常见的请客应酬做促销；一种是以讲课为主的培训会。不管哪种其目的就是解决门店客户少的问题，一般在开发市场时使用。

2. 中小型会议。其目的是解决销量的问题，便于门店快速上量，打击竞争对手。遵循的原则是：一年分季度至少要开四次会；前三场为促销会，设计好"季节促销包"，一次够用 3 个月为宜；第四次为抽奖感恩会，不设促销，做一个有人情味的经销商；此外，大奖要为大户准备。

3. 游学会。其目的是解决大型养殖场不跟门店合作的问题，主要用于开发大型养殖场时使用。

4. 核心客户培训会。其目的是帮助门店建立养殖户的忠诚度，便于稳固市场，增加核心客户数量。

二、圆桌会议的运营方案

圆桌会议一般用于刚开业的门店或门店为开发周边市场采用的一种非常有效的市场运作方案。

1. 圆桌促销会

（1）会前准备。

会议目的 一般圆桌会议的目的就是为了推广战略大单品。一个产品进入市场，首先需要有养殖户去试用。试用之后就要把该产品推向市场，如果大面积推广，很多没用过的养殖户是不会轻易订货的，所以门店要建立自己的"先锋团"。何为"先锋团"？就是给门店打前锋的，一个新产品没人试用，那么"先锋团"上；组织订货会没有人定，还是"先锋团"上；组织活动没有人配合，仍是"先锋团"出马。这种会议的目的就是培养自己的先锋团。

目标客户 客户群体中与我们关系比较密切的、具有一定影响力的客户要占到20%，使用产品的客户要占1/3，没用过产品的客户占2/3。

邀约人数 以10人以内为宜。人数过多，不容易控制场面，人多不利于做促销；人数过少，难以形成氛围，场面会比较尴尬。

邀约时间 相对随意一点，头一天晚上邀约，第二天中午或晚上进行就行。时间不用提前太多，主要看养殖户的时间。

活动方案　要提前准备活动单页。关于这一点存有争议。个别地区经销商和养殖户的关系比较近，只要对方承诺就会订货。但更多地区的经销商还是需要活动单页的，因为养殖户订货不订货往往就在一念之间，如果他签了单，订货的概率就高；如果没签单，基本上是不会要的，所以我们最好提前准备好。

（2）会议现场。

到场时间　尽量和养殖户约定 10:00 到场，他们一般都会11:00 左右才来。我们要提前到场，安排好饭菜，准备好促销品等。

介绍产品　讲课时间一般控制在 30 分钟为宜，主要讲解当下比较主流的现象或问题，以及引起这些现象和问题的原因、造成的危害是什么，而我们的产品又能解决哪些问题，使用之后能达到怎样的效果，等等。讲课期间，要把产品的样品给每个养殖户都展示一下，让大家了解产品的包装和基本形态等信息。

促单　讲完课，直接分发促销单页，养殖户人手一张，可根据个人情况，订多订少皆可。促单时要一个一个地谈，让之前用过产品且有一定影响力的人先订，再一个个签单。原则是不签单不开饭，签完单立马开饭。

（3）会后送货。

送货时间　会后第二天就开始送货，争取 1~2 天内把所有订单全部送完，送货时间拖得越久，效果越差。

收取现款　送货时，一定收取现金。要知道，我们促销品出了，饭也请了，所以这些产品是不能欠账的。

讲产品　送货时，要把产品的使用方法给养殖户讲解清楚，包括具体怎么用、使用时间、用后疗效等。

2. 圆桌培训会

（1）会前准备。

会议组织者的选拔　在新开发的客户区域，通过询问养殖户找出这个村中哪个养殖户的影响力最大。锁定目标后，设定几次拜访程序，每次都带不超过 100 元的礼品（如果礼品超过 200 元，容易给客户造成一定的压力，让对方感觉我们另有所图，从而提高警惕性，导致我们的目的达不到）。维系良好关系，开始拜访的三四次不谈产品和合作，可以建议该养殖户将他周边的几个养殖户召集过来，在他家给大家开个小会。一般来讲，养殖户都不会拒绝的。

会议地点的选择　在养殖户家里找一间比较大的房间即可，目的是便于养殖户的聚集。

邀请对象　以组织该会议的养殖户为中心，辐射到本村或邻村的养殖户，方圆不超过 10 里地的养殖户都可以。

会议时间　提前确定时间，通常为晚 7:00 左右。这时，养殖户都忙完也吃过晚饭了。

物品准备　可以带上水果（也可根据邀请人员数量而定）、投影仪、电脑等设备。准备水果时应注意一个细节，尽量多备一份，在哪位养殖户家讲课，要提前给对方留一份水果放下，然后对他说："这一袋是给孩子留的。其他水果今天要吃完，吃不完谁都不能走！"

（2）会中工作。

讲课时间　讲课时间一般是 19:00 开始，21:00 结束。可以用 1 个小时讲课，留 30 分钟的互动时间。讲课中用 20 分钟介绍门店情况，40 分钟讲授专业知识，讲完课一定要给客户留出提问时间，便于彼此交流。

为什么经销商会觉得开拓客户比较难？其根本原因并非门店技术不好、产品太贵、服务不好，多是养殖户不了解门店。通常是畜禽生了病，养殖户才会给我们打电话，我们赶赴养殖户家看病，过程中也仅是沟通疾病情况，很少论及其他，拿完药之后也就离开了，前前后后总共也不超过 1 小时，有的时间更短。这么短的时间内养殖户如何了解我们？只有在疾病治疗效果不错时对我们的印象会好一点，觉得"这位技术老师还不错，产品也可以"，再无其他。平时，经销商只和几个关系比较近的养殖户在一起喝点酒，交流得比较多，和另外 80% 以上的养殖户基本上没有交往。如此一来，导致养殖户对门店知之甚少，对技术老师和产品都不十分了解，因而想让养殖户主动上门来买药的难度是非常大的。阻碍养殖户购买产品的关键因素是沟通，没有沟通就没有购买。那么，圆桌培训会就为经销商和养殖户提供了交流的机会，由此为铺垫，后面的业务往来也就水到渠成了。

讲课内容　用20分钟左右的时间介绍门店，包括门店的名称、具体位置、主要优势等，要让听众清楚我们的基本情况。然后讲讲我们现在正在做什么工作，做这些工作能给养殖场带来什么效益，对养殖场有哪些好处。接下来规划一下未来要做的事情，以及这些事情能给养殖场带来何种效益。总而言之一句话，要让听众知道我们的存在能给养殖场带来巨大的经济效益。其他的不要讲，讲了养殖户也听不进去，他们只对与自己利益相关的内容感兴趣。其余40分钟要讲专业知识。以养猪为例，只讲如何操作可以让1头母猪的仔猪成活率从25头提升至30头；如何可以让肥猪提前半个月出栏；怎么做可以让每头肥猪多挣100元。所有的技术话题都围绕如何提高养殖场的经济效益，其他的不用讲。

课后讨论　一般设计为30分钟。开始的时候，养殖户可能会不好意思提问，需要引导。我们可以先找性格比较开朗或影响力比较大的养殖户，只要这些人提出问题，其他养殖户也会跟着来。要重视每位养殖户提出的问题，做好详细记录，以便第二天的回访工作。

会议后续　如果本次会议是本月8日晚召开的，那么第二次会议要在下月8日准时召开。散会时，要和养殖户约定下月同一时间同一地点不见不散。第三次会议在隔月的8日进行。连续3个月都是同一个时间开会，第四个月不用通知养殖户就会自觉到会。如果那时不开会，养殖户就会询问为什么不开会了。我们若在一个地方连续开上半年的会，那么此地的每一个养殖户都会成为我们的忠实客户。如果1个月能找到10个地方开会，每个开会点将会有20个以上的养殖户成为我们的忠实客户，短短半年的时间我们就有机会开发200个养殖户。对于一个兽药夫妻店来说，客户数量一般在150个左右，一下子增加200个，相当于门店客户总量翻了一番，销量也会翻一番。所以，圆桌培训会是目前开发市场的捷径。

细节注意　第二次讲课时，可以多买一点水果带来，养殖户一般都会带着老婆孩子来听课。

（3）会后工作。

回访　听课时要做好签到工作，会议第二天根据签到情况一家家登门拜访。可以针对头天晚上讲的情况，和每位养殖户进行沟通。如果遇到养殖户有疾病问题的，我们应给出合理的解决方案，不要强迫对方购买产品，而是征询他们的意见，如要解决这个问题，就需要用药，产品销售自然水到渠成。正常情况下，客户回访的成交率在60%以上。

沟通　询问头天晚上的听课情况，是否有所收获，下次听课希望学习哪些知识等。

3. 中小型会议

中小型养殖会议分为三个部分，即会前、会中、会后。每个板块都有专门的操作要求、标准和核心点。

（1）会前。

会议的目的 推广公司战略大单品，扩大市场影响力；树立标杆市场，以此客户或此市场为中心向四周扩散；扩大产品在门市的市场占有率，打击竞争对手；提升销量，完成个人销售任务；客户为边缘客户，并非业务员的核心客户，收取现金提升客户的级别（从年销售 5 万元提升到 20 万元）。

会议营销客户标准选择 门店开业在两年以上；经销商有 100 个以上的养殖户资源；思想上进，有强烈的愿望想把门店经营好；对畜牧行业有信心，想继续做下去；具有一定的资金基础；认同会议营销模式。

会议运营合作模式 会议运营模式是生产企业和经销商为了快速启动本地市场，双方通过协商共同组织会议的一种开发客户形式。会议合作有两个核心：一是费用怎么出；一是会议由谁来主导，即谁说了算。合作模式一共有以下三种：

第一种，所有的费用由公司支付，包括宣传费、资料费、书本费、促销礼品、餐费等。客户只负责将养殖户邀请到单位，其他不用管，全程由公司会务组操作，只需做好配合工作即可。会议所产生的营业额公司全部带走，会销人员走后，所余客户尾款由业务人员在一周内配合客户收回。

第二种，由公司和客户双方共同承担费用。具体承担办法是公司负责养殖会议的午餐费、资料费，其他费用由经销商承担，包括促销品、礼品、酒水等。所售金额公司不带走，为经销商所有，但在两个月内要进同等金额的公司产品。会后，业务人员负责配合客户将产品送下去，费用由双方共同承担。会议全程由公司主导，促销方案由双方共同商讨。

第三种，所有费用由客户承担，公司只负责提供讲师和经销商 15% 的活动支持。会议运行的所有主导权由客户负责，公司只配合协助。所产生的销量由客户自主支配。会议过程中，公司会把一些好的经验和方法提供给客户。

合作模式的核心工作是：①给客户提供会议费用预算表，由公司制作模板，业务人员根据每个客户的具体情况写出每一项开支，最后汇总；②根据不同的客户设计好更利于公司运作的特定会议；③在协商好会议合作模式后和客户签订《会议合作模式申请表》，并让客户签字，会议开始前一周内都可以更改，之后必须按协议进行。签字前，业务员必须一项项地和客户确认，如公司会把活动款全部带走等条款。在确认无误的情况下，业务人员要告知经销商在申请书上签字确认，然后上报公司。公司准备会议资料、产品、与老师行程的相关物品等。一旦在会议中出现意见不同时，可以以合作协议为标准，引导客户认同公司的会议模式。如果客户执意坚持己见，那么可以重新填写合作模式申请书。④客户一旦签订了合作模式申请书，所有行动应按合作协议书为标准，如有异议，市场人员可把责任推至公司财务部，因为我们递交的是怎样的合作标准，财务就会执行怎样的标准。

会前的准备工作 ①确定会议时间，预订酒店。这意味着本次会议已经确定，可以进行宣传和收款了。②确定邀请人数。根据人数设计会议的其他进程，如费用、物料等。③准备邀请函、宣传用品（产品条幅、抽纸、不干胶）等。宣传用品须全部发放到位，要在一周之内让所有客户知道这个产品，为会议促单做好铺垫。④邀请人员要分主次，第一波邀请的人员是具有一定市场影响力的客户。要提前做好沟通，了解此次活动中他想得到什么礼品（家用电器、电动车等），礼品价值越高，其订货金额应越大，所以，要让这部分养殖户得到实惠或好处。不妨提前收款，先找能预付 3 万元的客户，一个一个地谈。谈判前，要先把活动细则单页做出来，有了活动单页相当于有了标准，否则养殖户会漫天要价，只能在现有标准的基础上增加好处，而不是任由客户要求最后超出我们的承受范围。谈判的过程中，养殖户一般会在设定的活动范围内，要求再额外增加好处，经销商通常都会拒绝。但我们可以这样操作：第一，答应养殖户的要求；第二，在养殖户要求的基础上，再多给一点其他好处，前提是要先收现金。为了拿到好处，养殖户一般会先给钱。第一个谈完谈第二个，能预付 2 万元的谈完，找能预付 1 万元的谈。正常情况下，一个兽药夫妻店 100 个客户里会有 10~20 个客户参与活动，算下来应该能收到 25 万 ~30 万元左右。如果能提前收到钱，则此次会议的大局已定。开会当天，这些已经交过钱的养殖户会鼓动其他同行参与活动（每个人都有自私的一面，自己参与了活动等于认同了这种观点，同时也希望更多的人能认同，这就形成了从众心理）。其他散户再参加金额小的活动，依靠数量也能收 10 万元左右，加上其他的活动，本次会议的金额就是 40 万元左右。这是针对夫妻店的客户，如果有团队、有客户基础的，则销量会翻倍。⑤邀请客户的过程中，要做好市场调研：当下，用怎样的活动标准客户更容易接受，更愿意参与进来。对于个别想占便宜的客户，要求他们必须先交钱。活动当天，所有客户一视同仁，没有任何活动空间，一切按规定来。根据受邀客户的市场调查来确定活动的内容。⑥在受邀养殖户中，标杆客户（具有一定影响力，和门店关系较好）应占 5%~8% 以上。这些人要在会议促销过程中起带头作用，先签单，先交钱，鼓动其他养殖户参加活动。使用公司产品的客户要占到 25% 以上，可以与其他养殖户交流产品的效果等，起到见证标杆效益的作用。⑦促销前，要有至少 3 位以上的养殖户发言，介绍使用产品的真实情况。一定要选那些敢说、口才较好、有影响力的客户。⑧要做好受邀记录。会议的前一天，所有邀约工作要全部停下来，经销商要对受邀客户进行电话通知；会议当天早上再发一次短信确认。⑨会议前一天，业务人员要把活动单页内容逐一确定好，需要购买的物品全部订好。

会议前一天的工作　①提前 3~5 天将会议人员名单确定下来，并通知到每一位人员，由会务组长负责。②根据会议地点的远近，提前确定好出发时间，并确定每一位参会人员收到信息。③参会人员的服装要统一，可以是某大单品的品牌装。④物料准备由后勤组负责，提前根据会议需要制定出物料清单，根据物料清单准备物料。⑤提前 2~3 天确定好用车，最好是档次高一点的车。⑥会议促销单页要在公司打印好。⑦ 17:00 前赶到会议地点，在 19:00 前布置好会议现场，包括条幅、易拉宝、矿泉水、资料袋、抽纸、样品原料、产品样品等。⑧主持人调试电脑、音响、话筒、投影仪、灯光、空调等设备，确保第二天正常使用。⑨会务组长与客户沟通会议流程及操作是否有异议，如有异议，应及时协商，防止第二天在会议期间发生矛盾和不快。⑩讲课老师要向客户了解当地的养殖规模、用药习惯等，确定讲课侧重点。⑪财务组要与客户核对《会议合作模式申请表》，并强调费用出资比例，现金收款后的处理情况等。⑫主持人与客户沟通会议流程、发言人名单、客户姓名、客户发言内容等。⑬会议前安排客户参加沟通晚宴，吃饭不是目的，主要是将会议的所有要点在饭桌上沟通好。⑭晚宴后，安排所有会务人员第二天的工作，定人定岗，每个人必须重复一遍自己的工作内容，防止第二天出现手忙脚乱的情况。⑮布置会场要造势，周围全部挂满条幅。

（2）会中。

会议人员的组成 ①主持人，主要负责会议流程的制定及时间安排；会议期间的主持工作，配合讲课老师；监督所有物料的到位情况；烘托促单环节的气氛。②会务组长，主要负责会务人员的分工及工作协调；和经销商协调沟通事宜；会场布置工作。③讲课老师，一般为行业内的知名专家，在某一区域或全国知名，负责讲课工作。④会务后勤组，负责物料的准备；物料到会场后的核对；会议当天物料的使用及摆放。⑤财务组，负责参会人员的签到；会议促销期间现金的收取与开票；会后与客户账目的核对；协助活动的执行。⑥促单人员，由各区域的业务人员或技术老师组成，负责会议期间的站队、会场秩序的维护、促单环节的顺利进行、午餐期间的站队等。

会议流程及注意事项　①登记。登记人员由公司财务人员组成，一般以女士为宜。要有正规的养殖会议登记表，按照上面的要求详细填写养殖户的姓名、地址、电话、养殖数量等信息。登记处始终保持有人的状态，防止其他人员盗用客户资料。②引导。经销商和业务员在酒店门口做第一道迎宾岗，对对方能来赏光参加会议表示热烈欢迎，同时安排人员将其领入会议室；楼梯门口设有会务人员，指引会议室路线；会议室门口一般安排2位女员工，将客户从登记处引导至座位。先引导前面的座位，以此类推。引导有造势的功效，给养殖户造成一定的心理压力，有利于促单。③沟通。有的养殖户到得早，有的到得比较晚，要安排人员和那些来得早的养殖户进行沟通。沟通内容紧紧围绕本次会议的主旨进行。例如如何解决母猪不发情的问题，可以先分析一下不发情的原因，我们的产品能解决哪些问题，用多长时间能见效等，同时要带客户看一下我们的产品成品及产品原料等。沟通人员由市场部的业务人员和技术老师担任。④流程。会议开始前，主持人负责将所有发言人员通知到位，包括讲话时间和内容等。⑤站队。会议开始时，市场人员和技术老师要在会议室两边站成两队，每队 3 人，轮换上岗，每次轮换 1 个小时。站姿要标准，不允许看手机、东倒西歪、交头接耳，注意仪容。在自己负责的区域内有养殖户说话时，要上前制止，维护会场秩序。午餐期间，工作人员在会议室前台站成一字横排，直到养殖户就餐完毕。⑥时间。7:00，所有会务人员起床；8:00，所有会务人员到会场集合，各就各位，按预定工作执行；10:30，会议正式开始；10:30~10:35，主持人和客户互动；10:35~10:40，公司领导讲话；10:40~10:45，经销商发言；10:45~11:50，老师授课；11:50~12:20，促销订单；12:40~13:30，午餐；13:30，送客；13:30~14:00，工作人员就餐；14:00，财务组与客户对账；对账完毕，返程。⑦发言。公司领导要代表公司向与会人士表示欢迎和感谢，承诺公司所售产品全部符合国家兽药 GMP 要求，请广大养殖户朋友放心使用，如在使用过程中出现任何质量或疗效方面的问题，公司将无条件退货；经销商发言，要对多年来一直支持和信任门店的所有新老朋友表示热烈的欢迎和衷心的感谢；然后讲述如何结缘公司，如何利用公司产品为广大养殖户朋友排忧解难，降低养殖成本，提高经济效益；并郑重承诺如果在使用产品时出现任何质量问题，可直接找到门店，由经销商负责解决，无条件退货。养殖户发言，描述个人接触公司产品时的心路历程，包括犹豫、纠结、尝试的过程，以及看到效果后的欣喜心情，最后将产品推荐给大家。⑧促单。促单人员要提前准备好，每人负责1~2桌；会议期间，要注意观察听课比较仔细的养殖户，这些人的订货概率比较高，要及时和他们进行沟通，帮助答疑解惑；几个人交头接耳议论活动单页的人一般都是有意向者，也要及时沟通；促单期间，经销商是主力，很多养殖户是看经销商的面子订货的，所以经销商要巡视会场，在最短时间内解决养殖户的疑问，促使他们签单。同时，经销商要备2000元左右的现金，有些养殖户确实出门没带钱，经销商可以先垫付，但务必做好借款人员名单的记录工作。主持人要不停地宣传本次活动是公司最大的一次让利，仅限当天，并郑重承诺如果产品没效果可无条件退款。促单期间，所有人员必须全员营销，凡是填过单子的应及时引导上台办理订单手续，做到"客户不走，活动不停"。⑨就餐。活动结束后，方可上餐。10人一桌，由酒店服务人员统一安排，防止出现每桌坐七八人，都不愿意动，最后需要多开一桌的情况；开会期间不备酒水，在养殖户坐好之后，由主持人解释一下；上菜速度要快，凉菜、热菜一起上，先上一部分主食，如馒头、包子等，防止出现上一盘光一盘的情形；在最短的时间内，每一桌放2瓶饮料；财务人员在养殖户就餐期间要抓紧时间将账目核对完毕，一共有多少人参与活动、订了多少货、收了多少现金、欠下多少活动款等信息都要整理出来；会议室要留2~3名人员收拾会场，并将物品放到车上；其他人员在餐厅前台站成一横排，直到养殖户就餐结束。⑩送客。就餐完毕，养殖户会陆续离开餐厅。在第一批养殖户离开时，所有站队人员解散。根据酒店情况，每一道门口都要有 2~4 人和养殖户打招呼、握手，站队欢送；经销商和业务员在大门口，和养殖户一一道别。⑪会餐。送走所有养殖户后，会务人员安排和经销商一起会餐，总结本次会议的得与失，同时对经销商的配合表示感谢，对双方的合作表示肯定，对今后双方的合作给予展望，希望双方的合作会越来越好。⑫对账。会餐结束后，财务人员将汇总结果与经销商进行核对，并将相关物品给业务人员留下，交代他们使用流程。和经销商对账完毕，请经销商在核对结果上签字，表示认同。

（3）会后。

会议之后的跟踪工作分如下三个步骤：

第一步，货款收取与货物推送

会后第二天，根据养殖户的订单，提前与之沟通要什么礼品（根据活动单页上的标准，例如订货满 2000 元送电饭煲或 10% 的赠货）。确定之后，经销商、业务员开车去养殖户那里收款。收款过程中会遇到以下情况：①干脆果断的用户在听明情况后，会直接给钱。这类客户一般是优质客户，在以后的合作中要把这类客户列为核心客户，认真对待。②有的客户会表示最近手头紧，缓几天再给。这又分为两种情况，一种是确实没钱，但客户人品信誉都比较好，那指定了日子再过来，但礼品不能留下，什么时间收到钱，什么时间送礼品。另一种是信誉比较差，总想占便宜。对于这类客户要采取一定手段，让他们先把钱交了，产品什么时间用，什么时间再送。如果推脱晚几天有钱了再说，可以分批收，先交一部分，晚几天再交，礼品则是什么时间货款全部交完，什么时间送。如果先送礼，最终很可能是财礼两空，客户也得罪了，货也没有了。③养殖户愿意订货，但养殖户媳妇不让定。拜访这样的客户时，经销商和业务员要配合好，经销商和养殖户谈货款的事，业务员和养殖户媳妇谈其他事情，转移其注意力，防止她在谈货款时进行干预。

促销的单子最好额度不要太大，以参加活动的占有率为重点，多人少定为标准。这样送货时，一般养殖户定2000~3000元的产品，一次就拿完了。如果定的额度比较大，相当于将未来2~3个月的货全部拿完了，后几个月就没有销量了，达不到会议的目的。送货时，一定要将产品的用法、用量给客户讲清楚，同时使用产品多少天能达到什么样的效果也要提前告知，让客户多观察、多记录。告知客户过几天还要过来回访，公司不是把产品卖出去就不管了，还要了解客户使用产品的情况，跟踪产品的使用效果。

对于订货客户，特别是金额达到5000元以上的，要留意他们是否想提高额度，做到及时沟通和引导。对于那些参加了会议，但没有订货的客户，可以在订货客户的钱收完后，一家一家进行拜访，了解他们的养殖情况、没有订货的原因、是否愿意再定等。正常情况下，还能跟单5%~10%。

第二步，客户回访

可以安排在产品送到养殖户处 15 天左右，正常情况下，这时养殖户都已经开始使用产品了。

保健品的效果一般不像治疗产品那么明显（今天用上，三五天内就可以看到效果），需要进行一定的对比。国内养殖业中，真正比较用心、细心的养殖户一般不足 10%，大部分从业者很少去观察。因此，在和养殖户进行沟通时，务必强调使用产品后要进行观察，而不要直接问"× 老板，产品使用的效果怎么样"。如果这样问基本上就把天聊死了，养殖户十有八九会回答"也没看出有什么效果"。所以在沟通时最好使用建档案的方法。

回访客户时，一定要有《客户回访档案表》。比如回访内容为："× 老板，您用我们的 ××× 产品几天了？""用大概 15 天了吧！""用产品的前五天有没有发现鸡群采食量增加，采食速度变快？换言之，原来正常鸡群 6:00 左右加料，中午 11:30 左右吃完，现在 10:30 左右是不是就能吃完？""感觉差不多呀！""您再仔细想一想，应该比原来吃得多一点。""好像有一点吧！"然后，我们在表格上写上："使用 5 天后，采食量增加，采食速度较原来加快。"然后再问："您用到 7 天左右时，发没发现鸡群的粪便光滑细腻，粪便中没有料便；另外，粪堆是不是比原来小 1/3 左右？鸡舍内的氨气味是不是比原来小一点了？""是好了一点。"我们再登记上："使用 7 天后，粪堆比原来小 1/3，无料便，氨气味降低。"接着问："使用 10 天左右，蛋壳颜色是不是变红，蛋壳变厚，薄壳蛋、沙皮蛋明显减少或消失？""鸡蛋这一块变化比较明显，确实次品蛋减少了。"我们记录："使用 10 天后，蛋壳颜色变红，蛋壳变厚，次品蛋减少。"再问："使用 15 天后，也就是最近有没有发现蛋鸡的鸡冠比原来红了，特别是早上？""这个没注意观察。""咱们可以现在进鸡舍内看看，鸡冠肯定比原来要红。"……然后把所有记录全部登记完毕，对养殖户说："× 老板，您看，这是您这边使用产品后的反馈情况，如果没有太大出入，您帮我们签个字，公司要我们的回访记录表。"一般没什么大的出入，养殖户都会给我们签字。

签过字的养殖户一般都会认可我们的产品。有了这些客户的档案表之后，就能对那些还没有开始使用我们产品的客户进行公关了。可以使用这样的话术："× 老板，您好！我们最近在推一款产品，能够延长产蛋高峰期至 12 个月，减少次品蛋的发生率，降低 40% 的药费，每只鸡多挣 10 元。您看有没有兴趣了解一下？"然后就把我们的回访记录表展示给养殖户。这时，养殖户都会看得比较仔细，他也想了解其他同行的情况。通常情况下，如果周边的养殖户都用了，他接受的概率会非常高，因为身边的从业者都用了，就他没用，他就会产生一种失落感。按照此种推销方案，在未来 3 个月内会有 60% 以上的养殖户开始使用此产品。这里我们抓住的就是人的从众心理。

第三步，跟踪强化

使用产品 2 个月后，应针对使用产品的客户进行再次拜访，目的是引起客户对公司和产品的关注，进行推广与销售。

这里分为两种情况。第一种情况："× 老板，您好！最近，我们的 ××× 产品还在用着吧？""用了 20 天左右，现在已经停了。""哦？怎么不用了？您是怎么考虑的？""太贵了，成本太高。""关于成本这块儿，我给您分析一下：全程使用该产品，每个月的成本是每只鸡 0.1 元；原来每个月输卵管的消炎药要 0.06 元、大肠杆菌药需要 0.06 元，现在用了这个产品，则不需要再用那两个产品了，不但不增加成本，还能节约 40% 的药费；可以减少次品蛋的发生率，正常鸡群次品蛋的发生率为 0.5% 左右，1 万只鸡平均每天有 50 个次品蛋，1个 0.5 元，每天的损失就是 25 元；1 只鸡一生可以节约 5 斤饲料，1 万只鸡一批下来可以节约 5 万斤，1 斤饲料按 1.1 元计算，可以节约 5.5 万元；出栏前 20 天加倍使用产品，每只鸡可增重 3 两，1 万只鸡可增重 3000 斤，每斤淘汰鸡按 5 元计算，可增加 1.5 万元收入。所以说，这个产品就是个宝贝，1只鸡下来正常情况下能够多挣 10 元钱，希望您能再考虑考虑，还是继续用吧！应该没问题吧？"我们还可以再补一句："×老板，您看家里货还多不多，再给您送 5 件过来？"第二种情况："× 老板，您好！最近，我们的 ××× 产品还在用着吧？""一直在用，没有停过。""好，好，非常不错。是这样的，我们公司最近在做产品使用比赛，凡是连续使用 ×××

产品超过 6 个月以上、产蛋高峰期达到 12 个月以上的，都可以参加。比赛获胜者可以免费参加公司组织的旅游，同时还有丰厚的奖金，可以去全国其他地方给养殖户们传授养殖经验。"

每年年底，门店都会举行店庆，可以针对本年度使用我们 ××× 产品的客户举行养殖大比拼，对获奖者要颁发荣誉证书、奖金、奖品等。

门店还会针对大型养殖场适时举办游学会，解决大型养殖场市场开发的问题。一般超过 3 万只蛋鸡、200 头母猪以上的养殖场都不愿意和经销商做生意，他们认为经销商卖的产品肯定比厂家卖得贵，自己的养殖规模大，还是直接跟厂家合作为好。

大型养殖场老板都不愿意和经销商交往，却喜欢跟行业专家、技术老师交往，只要听说哪里有大型会议或有专家、技师在场，他们一般都乐意参加。经销商可以借助厂家组织"养殖沙龙"。何为"养殖沙龙"？就是规模在二三十人的养殖聚会，只要哪次沙龙中有防疫专家、兽药专家、营养专家、管理专家，养殖场老板一般都愿意参加。关键是这次会议是经销商提供的，所以这些养殖老板就得给面子。

当养殖户答应去参加养殖沙龙后，我们要提前做好准备工作。虽然入住的酒店不一定是星级的，但我们的服务必须超出星级。

2014 年 9 月，洛阳某总组织了一次养殖沙龙。当时邀请了规模在 100 万只 / 年的青年鸡场老板 12 位、规模在 6 万只以上商品蛋鸡老板6位、3万只蛋鸡场老板1位，共计19人，一辆依维柯正好坐得下。16:30从洛阳出发，18:30到达某酒店，晚宴结束刚好21:00。当养殖老板都在各自房间内时，某总亲自敲开每个客户的房门，然后送上为他们精心准备的各种洗漱用品，并说："酒店的洗漱用品不一定干净，这是给大家准备的，都是消过毒的，请放心使用。"

第一次敲房门时，养殖户是没有特殊感觉的，只是觉得某总这个人的心比较细。间隔10分钟，某总又敲开了养殖户的房门。这次，有的客户就不乐意了："还让不让休息了？一会儿一次，一会儿一次！"当客户烦躁时，某总马上递上一份非常大的果盘，有河南及周边其他地区的特产：新郑的枣片、枣糖，甘肃的人参果等，并说："平时很难把大家聚在一起，这次机会难得，我让郑州的朋友买了一些特产带过来给大家尝一尝！"这时，"被打扰"的养殖户无不尽开颜，连说："太客气了！太客气了！"这之后，60%养殖户的心就已经收到了，为后面的销售做好了铺垫。

次日上午，专家们先后讲授有关养殖各个环节的内容，每人1个小时。下午和晚上都是茶话会。养殖户有什么困惑都可以尽情提问，专家会进行一对一的讲解。众养殖户对这次会议非常满意，收获满满的。

第三天上午，组织大家去开封几个知名景点旅游。整个过程中，某总自始至终都在为养殖户服务，给每个养殖户都照了好多照片，有集体合影、有独照、有朋友合影。下午返程前，每个养殖户还收到一份当地的特产。

本次沙龙结束后的 3 天内，某总走访了与会的所有养殖户，同时将每个养殖户在旅游时拍的照片全部洗出来，每人一个相册，每个相册都有三四十张照片。收到相册的客户都非常感动。据某总坦言，此次游学会前只有 3 位养殖户跟他有合作，可这之后的 1 个月内所有与会的养殖户都和他建立了合作关系。可见，这是一次相当成功的游学会。

游学会的可贵之处是给经销商和大型养殖户提供了接触和交流的机会。正常情况下，每个经销商一次最多也就邀请 3~5 名大型养殖场老板。试想一下：来回路上一般花去 2 天、专家讲课交流 1 天、旅游期间私下接触 1 天，这样算下来，经销商和养殖户有整整 4 天的接触时间。当然，如果这样还搞不定，也不能就此断定经销商朋友没本事，只能说您和养殖场老板的缘分没到，时机还不成熟。

此外，门店还可以举办核心客户的培训会。顾名思义，这类培训会是针对核心客户而设定的。经营比较好的兽药夫妻店的核心客户数量区间一般在 30~50 人，门店 80% 的销量来自这些客户。运作培训会的目的就是把这些核心客户变成"种子客户"。何谓"种子客户"？就是能给门店主动介绍新客户的老客户。如果通过培训会将这三五十个核心客户培养成"种子客户"，那么门店的销量在短期之内将会翻一翻。

借势营销与整合发展

一、借势

1. 与当地畜牧局建立良好关系

要想经营好企业首先要遵纪守法，严格执行国家的法律法规，配合政府的一切工作，因而要和当地县、市畜牧局建立良好的关系。组织各种大型活动时，我们不妨考虑是否邀请政府领导出面，效果会更好。

2. 运用惠民政策帮助养殖户

某市董总 1995 年踏入畜牧行业，最初是贩卖鸡蛋。当时，他每天从乡下收鸡蛋，再用自行车拖到某市卖。2004 年，他开始建饲料厂，赚到了第一桶金。吃水不忘挖井人，董总感觉自己富不算富，只有大家富才算富。因此，2005 年起他开设了规模在 10 万只蛋鸡的养殖场。为了便于大家学习，董总每月都会组织 10 次以上以政府为名的养殖座谈会，普及养殖知识，惠及一部分有愿望学习养殖的朋友。

2009 年，董总推出了他的第一套惠民政策：凡是在他这里买产品的人，可享受政府 15% 的惠民政策补贴。很多养殖户都是慕名而来，因为大家都熟悉新农合政策，去医院看病享受一定的国家补贴，在这里搞养殖买产品可享受 15% 的优惠政策，100 元的产品只用现付 85 元即可拿走。这条政策一经出台就受到广大养殖户的热烈追捧，短短半年时间，董总已经垄断了 80% 的动物药品市场（以门店为单位 50 公里以内的养殖户市场）。

为了再次让养殖户享受到优惠政策，2010 年 6 月，董总的疫苗也开始推行 10% 的补贴政策。消息不胫而走，其他区域的养殖户也都纷纷慕名而来，一时间董总的店铺前门庭若市。

2011 年，董总的养殖场也达到了 40 多万只蛋鸡的规模，青年鸡每批也能育 20 万只。为了进一步惠民，董总宣称凡是在他这里进的青年鸡，进鸡后 15 天内的饲料和疫苗享受国家补贴。一时间，董总家的青年鸡成为争相采购的目标。短短五六年的时间，董总的门店迅猛发展，占领了某一区域的霸主地位。

3. 建立养殖协会

现在很多地区都建有养殖协会，但出于某些原因或者没有活动，基本上都处于一种闲置状态。这并不意味着建立养殖协会一无是处，关键是如何盘活这个行业内的民间组织，使之发光发热，真正有助于行业本身的发展。

首先，我们要明确运营养殖协会的目的，它不是某些人的敛财工具，而是实实在在要帮大家办实事的民间组织。协会会长不一定由养殖量、影响力最大的人来担当，而是看谁能真正把协会当作一份事业来经营。门店老板完全可以自己组织养殖协会。协会要做好以下工作：

一是组织养殖场参观学习。要定期组织养殖户去外地参观考察，特别是一些规模化的养殖场。很多时候，我们参观养殖场都流于形式。我们的目的不是让大家去看别人的养殖场用的是什么设备、采用的是何种先进工具，看看人家的养殖规模，再对比一下自己的养殖规模，自感压力倍增。而是去重点学习大型养殖场的饲养管理观念，这些理念往往都已取得了巨大的成效。

二是组织专家、老师授课。这里是指邀请一些名副其实的专家，而不是各个厂家的兽药专家，是真正的能给大家普及专业知识和传递先进养殖理念的技术老师。这样的授课每年举行 3~4 次为最宜，没有目的，不请吃饭，只是学习。如果能做到这一点，那么肯定会得到养殖户的支持。毕竟不是缺衣少食的年代了，哪个养殖户都不缺这一顿饭。可为何现在养殖户都养成了逢会必吃的观念？那是因为他们对"每次开会都上当，次次上当不一样"的行业潜规则心领神会，反正都是买货，干脆再吃厂家一次，不吃白不吃！最终形成这种没有基础信任的形式会议。

4. 善加利用养殖协会

联合采购降低成本。针对一家饲料原料，完成由协会出面联合几十家甚至上百家养殖户进行联合采购。此处指的是真正的联合采购，而非打着"联合采购"的名义，为个别人谋福利的那种。

众筹资金，兴建畜禽副产品深加工企业。目前，养殖行情对养殖户的冲击是最大的，其根本原因是我们的深加工企业太少，畜副产品的保存时间又过短，因而造成了此种现状。相信未来全国各地会涌现出一批畜禽副产品深加工企业，这些企业的加入会大大缓解局部养殖行情的压力。

二、养殖户股东化

1. 吸收具有影响力、认可门市的养殖户入股

吸引一批愿意和门店长期发展的养殖户入股，前提是养殖户需要信任门店。养殖户寻找那么多的购买途径，其根本原因是想找到更优的产品。可以根据养殖户这方面的需求，设计入股的优惠条件。如果我们的条件大于养殖户购买产品的其他途径条件，那么他们和我们签约就水到渠成了。

入股分红的模式有三种：月分红、年分红、入股增值不分红。

2. 股东的责任和义务

门店股东必须接受门店的统一管理，随叫随到，严格执行门店制定的工作标准和流程。

3. 利用股东会组织各项活动

圆桌培训会由股东组织，开会地点也设在股东家。要将股东培养成这一带养殖户的精神支柱。组织中小型会议，股东是骨干，所有养殖户由股东召集和通知，每个股东都有任

务和计划。

三、建立根据地市场

1. 建立市场组织机构图

根据市场情况，建立自己的组织架构图。对于经销商来说，养殖户流失严重的最大原因是他们没有归属感，而没有归属感是因为缺乏组织框架，没有组织中心。门店在未来的运营中必须操作利益捆绑，建立自己的组织架构图。

2. 培养骨干养殖户

谁是我们的客户？认可我们、喜欢我们的人才是真正的客户。凡是那些天天给我们提意见，认为我们做得不好的客户都是要被淘汰的对象。要选那些对我们忠诚度非常高，又有影响力的客户作为重点培养对象。

3. 树立标杆养殖户

在市场上需要推广某一产品时，首先要找到示范户，那些养殖技术高、单批盈利最高的客户就是我们要找的标杆户。组织小型养殖会议时，要推出标杆客户，让他们公开分享养殖经验；除了奖品、奖金外，还要在年终大会上给他们颁发证书，给予标杆户应有的荣誉。

团队是由员工和管理层组成的一个共同体，有共同理想目标，愿意共同承担责任，共享荣辱。在团队发展过程中，经过长期的学习、磨合、调整和创新，形成主动、高效、合作且有创意的团体，解决问题，达成共同的目标。

没有团队难成超级经销商

我们做任何事都离不开团队的力量，单打独斗是很难成事的，不仅辛苦，还会产生强烈的孤独感。而团队的力量是非常强大的，特别是拥有一个精良的团队，往往事半功倍。

夫妻店模式是店内只有夫妻二人，这是经销商组织发展的最初级阶段。家长模式是经销商老板组织发展的第二阶段，除夫妻之外，还拥有一支团队，团队可大可小，可以就是几个人组成。这时，经销商变成团队作战，而不单单是夫妻二人了。公司模式是经销商组织发展的最高阶段，即公司化运作模式。这时，经销商除了拥有完善的团队，还具备完善的机制、完善的流程、规范的管理。采取这种模式的经销商已经非常接近厂家、企业的组织模式了。

对夫妻店来说，年度销售规模到300万元基本就是触到天花板了，很难突破500万元；对家长模式来说，能做到几百万元是很正常的，但想突破千万元是比较困难的；而对于公司模式，突破千万元是相对容易的，也是可以预见的，甚至突破亿元销售额的超级大商在很多行业里也不鲜见。

建立团队组织架构

一、团队组织架构图

团队组织架构图是门店的骨架，用来描述整个门店的指挥体系、汇报体系、管理阶层等，员工一到职，就能清楚地了解自己的岗位职责与工作要求，知道该从何处取得工作任务，碰到困难时该向谁求助、向谁汇报工作情况，尤其关于某个项目的指挥由谁来确认等。下面是某兽药服务公司的组织架构图，供大家学习借鉴。（见图7-1）

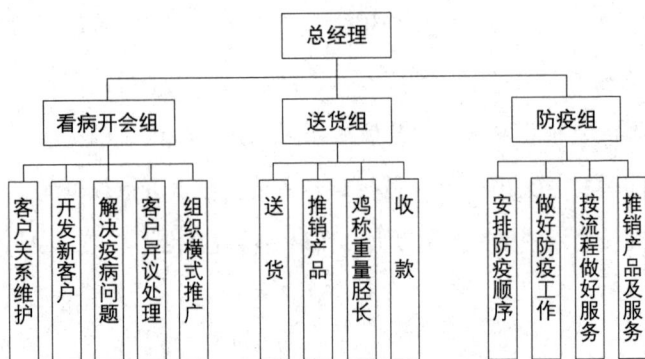

图7-1 某兽药服务公司组织结构图

二、明确岗位职责

1. 员工岗位说明书的编写要求

岗位说明书的基本内容主要由以下几部分构成：

（1）基本资料。

包括职务名称、直接上级职位、所属部门、工资等级、所辖人员、定员人数、工作性质。同时，应列出职务分析人员的姓名、人数和职务分析结果的批准人栏目。

（2）工作描述。

工作概要，即用简练的语言说明工作的性质、中心任务和责任。

工作活动内容，说明各活动内容的占比、权限、执行依据等。

工作结果。说明任职者执行工作应产生的结果，以定量化为好。

（3）任职资格。

所需最低学历。

需要时间和科目。

从事本职或其他工作的年限和经验。

应具备的基本能力，如计划、协调、实施、组织、控制、领导、冲突管理、公共关系、信息管理等能力及需求强度等。

兴趣爱好，即顺利履行工作职责所需的某种兴趣、爱好及需求强度。

个性特征，如情绪稳定性、责任心、外向、内向、支配性、主动性等性格特点。

性别、年龄特征。

（4）工作环境。

工作场所，应注明室内或室外，还是其他特殊场所。

工作环境的危险等级，应说明危险存在的可能性，对人员伤害的具体部位、发生的频率，以及导致危险性的原因等。

职业病，即从事本工作有可能罹患的职业病及轻重程度。

工作时间特征，如正常工作时间、加班时间等。

工作的均衡性，即工作是否存在忙闲不均的现象及发生的概率。

工作环境的舒适度，即是否在高温，高湿，寒冷，有异味、粉尘、噪声等环境中工作；工作环境是否使人感到愉快。

2. 编写岗位说明书的注意事项

岗位说明书的内容可依据职务分析的目的加以调整，可简可繁。

岗位说明书可以用表格形式体现，也可以用叙述形式体现。

岗位说明书如有需个人填写部分，应运用规范用语，字迹要清晰。

使用浅显易懂的文字，用语明确，切勿模棱两可。

岗位说明书应运用统一的格式书写。

岗位说明书的编写最好由组织高层主管、典型任职者、人力资源部门代表、职务分析人员共同组成工作小组或委员会，协同完成。

具体范本可参考以下附件。

附件一：门店技术老师及店长岗位职责

一、基本情况

姓名：

职位：门店技术老师及店长

职位叙述：负责门店整体运营

二、岗位

直属上级：门店运营总经理

三、职责

1. 职责一（负责门店内外围对接）

负责猪场疾病诊断与治疗。

负责猪场老板关系维护与协调。

负责社会关系的处理与维护。

负责与门店运营中心的对接。

2. 职责二（负责门店内综合管理）

统筹制订每月销售计划和任务分配。

协助落实产品促销和效果追踪。

洞察周边环境，带领所属人员及时调整销售策略。

协助门店同事，合理分配工作，培养有潜力员工。

定时向运营中心沟通销售情况及客户情况，以便及时调整。

3. 职责三（负责业务监督）

负责员工日常考勤监督。

负责对员工着装、士气与精神面貌进行检查。

负责对员工服务规范进行监督。

负责监督员工目标完成进度。

负责门店形象日常的维护与管理。

负责门店内外环境卫生的检查与监督。

负责日常维修申请及处理。

负责门店突发事件的处理。

四、日常工作

每晚安排次日的工作，要具体到每个人在规定时间内完成。

早上及上午处理猪场疾病诊断与治疗。

下午猪场老板关系维护。

晚上主持一天工作进展会议。

微信群的引导与管理。

附件二：门店副总经理岗位职责

一、基本情况

姓名：

职位：门店产品运营老师

职位叙述：负责门店产品销售及推广

二、岗位

直属上级：门店总经理

三、职责

门市产品架构调整。

产品进货及库存管理。

产品推广及宣传。

门市卫生打扫。

门市员工后勤工作。

负责客户档案登记。

四、日常工作

登记每天出库产品明细。

登记每天销售产品明细。

保持店内卫生。

做好养猪场产品使用反馈情况。

每天发送微信信息。

整理客户档案，每天筛选需要防疫的客户名单。

附件三：门店送货员岗位职责

一、基本情况

姓名：

职位：门店送货员

职位叙述：负责门店产品配送及收款工作

二、岗位

直属上级：门店总经理

三、职责

及时将猪场所需产品快速送达客户处。

及时收回所送货物的货款。

了解养殖户动态。

协助副总经理推广产品。

四、日常工作

协调好所要配送的货物。

收回货款。

推广产品。

附件四：门店会计岗位职责

一、基本情况

姓名：
职位：门店会计
职位叙述：负责门店财务

二、岗位

直属上级：门店总经理

三、职责

登记每天进出库产品明细。
统计出需要收回货款的明细，及时上报总经理。
半月出一次财务报表，统计出客户本月产品使用情况。
对单个产品进行核算，计算出主销产品明细。
单个客户核算。

四、日常工作

登记每天进出库产品明细。

统计当天销售情况及货款回收情况。

做好微信宣传。

客户电话回访。

客户账目电话核对。

门店团队管理

门店团队管理要注重两个方面，一个是行为管理，包括公平的工作环境、每个人明确自己的工作职责及考核标准、科学工作流程；另一个就是思想管理。

一、团队管理五法则

员工薪资待遇。员工来不来跟薪资待遇高低有关。

员工的职业生涯规划。员工追随我们发展有什么前途？他们最终能在这里收获什么？对此，我们要有明确清晰的规划。职业生涯规划是根据每个员工的个人优势及理想相结合而定。

员工的工作考核标准。员工的每一项工作都要有明确的考核标准，怎么做、达到怎样的标准算合格等，都要有清晰的尺度。员工的工作目标要清晰、方向要明确。

企业的各项规章制度。管理员工必须依据企业的各项规章制度，以保障企业工作的有条不紊。

工作氛围。员工能不能长期干下去跟工作环境好坏、心情是否愉悦有很大的关系。

二、团队管理原则

制定良好的福利待遇，员工才愿意发挥自己的才能，创造出足够的效益；也愿意尽量提升自己的能力，以期能获取更高的劳动报酬。

员工在不断提升自身能力与绩效的同时，也将被赋予更多的锻炼机会，建立更稳固的职业生涯基础。

当员工了解公司提供给他们的完善的职业生涯体系，就能很明确地掌握自己未来的方向与目标。为能长期在这个环境培养自己，员工会主动遵守公司的各项规章制度，期望能在公司做得更久，得到更多的回馈。

员工愿意主动配合公司，且遵守公司的各项制度，做任何工作都能趋向规范化，使之井然有序，至少从主观上已经改善了工作环境。认认真真把属于自己职责范围内的事情做好，不要老想着怎么在公司油滑做人。

良好的工作环境会减少不必要的内耗，使每个人都有依循的标准。日本推广的工厂 5S 管理，其目的也是为了改善良好的工作环境。良好的工作环境有助于创造良好的效益，同时也打下了良好的薪资制度基础。

三、中高层管理人员的管理具体措施

1. 引入竞争和淘汰机制

要改变以往"上去就下不来"的情况，根据管理人员在工作和生活中的各种表现及业绩状况，引入竞争机制，保证品德好、能力强的人员能够走上管理岗位或有更大的发展空间。如果条件许可，亦可采用轮岗的办法，以保持整个管理团队的活力。

建立竞争和淘汰机制，制定《中层管理人员考核办法》，适时实施《中层管理人员责任制》，以加强业务员的竞争性和上进心。

2. 适度放权

对于中层领导应给予充分的自主权，令其自由发挥，同时制定有效的考核办法。

3. 加强中层领导的学习

一般来讲，中层领导的实力代表着公司整体的综合实力。要加大对"领导干部学习班"的投入，不断丰富学习班的培训学习方式，并选择合适的时机让学习班成员有实地锻炼的机会，有计划、有组织地培养后备管理人才。要对企业文化的学习和建设投入更多的精力和时间，以更好地营造良好的团队氛围。

4. 实行目标责任制

和各相关部门和人员签订目标责任书，做到真正的放权、授权，加强目标责任管理。细化目标责任书的内容，加强考核和执行的力度，使之真正地成为公司管理的重要工具。

四、不断进行净化工作，保证公司的长久健康发展

1. 对员工不断进行思想净化

要不断加强每位员工对公司目标的认同感，让大家的步伐保持一致。长期从事相同的工作难免会使人产生惰性，因而，我们必须通过不断的学习各种方法和途径清除不良情绪，创造健康和谐、轻松愉快的公司气氛，以确保公司的良性发展。

2. 不断进行人员净化

及时引入优秀员工，也要毫不留情地淘汰落后员工，保持团队的精良、活力、上进心和战斗力。

团队人员的招聘

一、人员的选择标准

1. 拥有强烈致富愿望的人

拥有强烈致富愿望的人一般都存有做事的心态，对于那些安于现状、得过且过者，无论你怎样教育和引导都是没用的。这就是我们平时说的，有些人用着非常顺手，你安排一点，他能帮你做好两点；有时，我们忽略的问题，他也能给我们指出，用着非常放心，也非常省心，人品更是没得挑。而有些员工找工作的目的很明确，就是为了有事干，干好干坏无所谓，挣钱多少也不在乎，因为家里有人挣钱。

我们在选人时往往会陷入一个误区，就是面试时千方百计地想了解应试者的更多信息，比如过往的工作经历、从先前单位离职的原因、和原单位领导是否发生过矛盾等；轮到给对方介绍公司情况时，则往往一笔带过，寥寥几句就敷衍了事了。要知道，选择人员的标准不能"朝前看"，过分关注应试者此前的工作情况，并因此来判断他是否胜任所应聘的职位。正确的做法是，在了解此人的工作经历后，要尽量详细地向他描述我们对所需人员的岗位职责和未来的上升空间。如果对方认同我们甄选人才的标准和公司的发展目标，那么他会选择留下来；如果他只是想找份模棱两可的差事做，我们说的这些内容可能会给他造成比较大的压力，进而自动放弃。

谨记，我们要找的就是能够一起做事的人！这样的人才能把工作做好，才能成事，才能把我们的门店做成当地的第一名。

2. 人员的年龄要求

人员的年龄最好在 25~45 岁之间。年龄太小，缺乏社会阅历和社交经验，做事容易欠考虑，易冲动；年龄太大，则没有做事的冲劲儿，容易按部就班、缺乏动力。

3. 对司机的要求

送货需要一个司机一辆车，如果司机本人有车，就可以借用，公司不必准备太多的交通工具。好处是：第一，节约大量资金，一辆普通面包车至少也要三四万元，档次高点的则需要花更多钱；第二，司机开自己的车也会比较爱惜，也不用老板天天盯着打理车内车外的卫生，省掉车辆管理方面的精力；第三，这样做也增加了司机的收入，提高他们的忠诚度。

可能会有经销商朋友说了，这都是理想状态，很多司机并不情愿用自己的车。其实，没和司机谈妥更主要的原因是你给的价位太低了。一个司机的月薪是 3000 元，油费实报实销（包括其上下班路程。请司机一般要在门店周边找，家就在附近，这样的能做得长久些），每辆车每月补助 1000 元。

对于这样的标准，一般的司机都会接受。我们不但需要有人为我们打工，也要他们的车给我们打工。

二、人员招聘途径

1. 家族成员

国内 90% 的企业都是家族式企业，特别是刚起步时，家族成员在企业中占据举足轻重的地位。在发展过程中，企业是否能活下来，除了跟企业的运作思路等几个核心因素有关，最重要的一点就是员工的忠诚度。如果有 5 人以上的核心员工跟随老板 5 年以上的，这样的企业肯定能发展起来，而家族成员就具备这一特点，所以很多国内企业前期聘用的员工都是自己的家族成员。

对于门店来说，如果有亲戚正好合适做店内的某类工作，可以优先考虑。

2. 社会招聘

在招聘网站上发布信息，效果还是比较理想的。既然选择社会招聘，就要对所需岗位制定详细的用人标准，对应聘人员要进行严格的筛选，直到选到理想的人员为止。

3. 朋友介绍

如果是经由朋友介绍来的人员，效果也不会差。一旦开始工作，这些人会碍于朋友的情面，更加发奋积极地表现，对门店的忠诚度应仅次于亲戚。

4. 厂家人员

现在很多门店还会使用厂家的技术人员，认为这些人员的工资是由厂家出的，能节约门店的费用。其实，用厂家人员不如自己招聘。技术好的老师任务量也会比较多。通常情况下，一个技术老师到一个地方至少需要半年以上才能取得当地养殖户的信任。往往是这个技术老师刚熟悉当地的市场情况，并获得养殖户的认可，却因种种原因被厂家调到其他地方。表面看，这似乎也没什么损失，其实不然。一旦熟悉的技术老师离开，短期内又找不到合适的替补人员，因此而损失的时间和精力是难以估量的。如果把这些时间和精力花在推广一个大单品上，收效往往会非常大。所以，强烈建议门店培养自己的技术老师，以便管理并建立长期合作。

门店员工的培养

一、员工个人成长

1. 学习

学习有三种最有效的途径：第一，与名师交流；第二，阅读；第三，参加培训会。

从古至今，所有功成名就者都有一个共同点——博览群书。任何习惯的建立都是不容易的，阅读也不例外。一开始的两个月会非常痛苦，很难踏实地读进去，一旦我们持之以恒，养成一个月能看 5~10 本书的习惯时，你会发现一天不看书就非常难受。此外，要学会筛选，读那些我们用得上的书。如果我们看的那些书在平时工作时都用不上，时间一长，就会感觉看书无用，慢慢地也就失去了读书的兴趣。

2. 记录

每天将自己学习到的知识或感悟都详细地记录下来，这对个人成长来说是非常重要的。一般连续记录 1 周左右，就会感到自己的进步非常快。

3. 参加培训会

针对自己想要学习的知识，可以报名参加各种培训会。只参加一两次培训会是没有作用的，培训是一个长期的过程，需要持之以恒，长期修炼。在各种培训会上，吸取不同老师所讲的内容，连续学习两年以上，会发现整个人生都发生了质的飞越。

4. 反思

每天临睡前，不妨花 30 分钟回想一下这一天的工作内容，思考所做过的每一件事，反思哪些做得对，哪些因考虑欠妥做得不够完美。再思索一下，有些事情除了当时的操作方案外，是不是还有别的捷径可能使之做得更好。连续这样反思一个月以上，你会发现整个人完成了华丽的蜕变。

5. 定向学习

学习专业知识 每天早晚抽出一定的时间，针对某一部分的专业知识对每位员工进行培训。分析每个案例，让大家发表自己的处理方案，这样有助于激发思考的火花，增强员工之间的互动。培训时间控制在 30~60 分钟就可以了。

定向培训　提炼每个员工的个人优势，然后重点培养。例如某技术老师课讲得不错，我们就有的放矢地拓展他在讲课方面的能力，不断地为他提供机会和平台，将他的讲课水平再提高一个档次。

团队训练　平时要注意团队意识的培养，鼓励队员之间多多磨合。同时，制定相应的团队配合机制，一人出错全队受罚，让队员之间多一些协调，少一些矛盾。

二、培养员工社交能力

1. 打造自己的朋友圈

首先，要向同级别的人学习。如果你是技术老师，那么你的朋友圈就以结交技术老师为主。不论是厂家的技术老师，还是其他门店的技术老师，抑或行业内的技术老师，都要结交，并成为好友。距离近的可以经常见面，建立关系；距离远的，要在微信上多多交流。结交的最大目的就是向别人学习，从对方身上汲取养分。如果你是门店负责人，那么你结交的都应是门店的老板或公司的领导层。

其次，要向比我们能力强的人学习。不妨经常备点礼品去拜访业内专家，从对方那里学到宝贵的经验和方法，以便自己少走弯路。

第三，向优秀的人学习。世上最可怕的事情是——比我们优秀的人还比我们努力！当看到这样的人，就会无形中受到感染，有利于我们马上调整自己的状态。

2. 走出去

第一，向企业老板学习。每年，门店老板至少要主动拜访不少于 50 个畜牧行业的企业老板，向他们学习企业运营之道。从这些企业老板那里我们能看到他们走过的弯路，学到令我们目前最头疼的问题的解决之道，学到他们是如何管理企业、管理团队的。

第二，向行业内的顶尖人士学习。学习他们的成功经验以及他们对行业的预测和评估。

第三，向其他门店老板学习。学习他们运作市场的模式和方法。

第四，参加各种大型会议。一是看看专家对行业的观点和看法；二是看看行业内有没有新的东西出现；三是结交老师，便于以后的交往和学习；四是结交同行，学习别人的成功经验。

三、工作技能训练

1. 管理团队

营造团队向心力以及发挥个人的影响力。

提升个人能力和团队的认同度。

调整员工心态，把控团队方向。

和团队员工建立私交。

2. 业务培训

日常工作流程。要熟悉日常工作流程，对每个细节都认真把控，用心工作，熟练流程的每个环节。

向养殖户收账的流程。每个员工都必须掌握向养殖户收账的流程，确保每一单货都能收回现金。

货物跟踪流程。当出现一个订单时，产品什么时间送到客户那里、客户用了几天、使用效果如何等都必须有专人跟踪，而且参与人员都必须熟悉这个流程。每一单产品出库都要有人亲自跟踪并有详细的记录。

3. 客户合作流程

客户培养流程。

客户维护。

客户开发流程。

客户异议处理。

四、中高层培养

1. 制定工作流程

定标准 每项工作流程都要定出详细的流程标准。有标准，员工工作才有方向，才能做到心中有数。

传、帮、带 对新员工或工作流程不熟悉的员工一定要做到传、帮、带。

监督考核 一定要有专门的领导对员工的工作进行监督考核，没有考核就没有结果。

2. 制定工作制度

定标准 每项工作该怎么做、做错了该怎么惩罚，都要有明确的标准。

定原则 针对一些事情，哪些是该做的、哪些事情是不该做的，要有明确的标准。

监督考核 用结果说话。

3. 组织架构

组织架构要分工明确，注意配合协作，共同成长。

这个时代发展太快，我们之所以会感觉迷茫，一直处于被动局面，是因为别人长了知识，而你只长了岁数。若想练就十八般武器，你得先有一副刚健有力的体魄；若想在市场立于不败之地，你就得将头脑全副武装起来。

如今，学习的成本不但没有上升，反而下降了。在朋友圈里获取资讯信息都是免费的，网上信息资讯也是免费的，企业奖励的培训也是免费的，书籍和实战培训虽然要付费，但成本也是微乎其微，如果你还拒绝，唯一的理由就是——懒惰。

升级认知的关键

人与人的最大差距在于能力，能力的差异决定了人生的走向，不同的能力获得不一样的人生。提高能力的重要手段之一就是——升级我们的认知！

升级认知能力的关键是思维方式的升级。比如对"努力"一词，思维方式不同的人理解起来也是不一样的。思维方式较低级者认为"努力"就是起早贪黑地学习或加班，累成狗的那种苦哈哈的状态。但持高级思维方式者则认为付诸行动前要先思考怎样的努力才是有效的努力，从而有方向、有计划地去实施；努力不是埋头苦干，而是时刻关注方法和效率；也懂得努力是慢跑，而非冲刺，从而能一如既往地持续下去……

认知升级的必经之路是知识储备。我们只有持续阅读、学习，积累不同的知识，强化理解，才能让各种知识融会贯通。持固定型思维和成长型思维的人最大的区别就是，前者认为人是不可变的，后者认为人是可以通过学习而改变的。我们一定要通过学习让自己的思维模式不断升级，认知模型也会不断升级。如此，才会让自己的生活更美好，因为只有学习之后你才会发现有很多种的可能性。

学习的途径

一、学习的通道

1. 向同行学习

要积极参加各种学习会，结识其他地区做得比较好的经销商，去他们那里参观学习，建立良好的关系。1 个月能做50 万元的门店老板必定有其过人之处，我们应着重学习他们如何处理和客户的关系、在人员方面的管理经验，以及如何进行市场分工等。

2. 跨界学习

我们可以拓宽眼界，跳出本行业的小圈子。其他行业都有很好的营销思路或模式，值得我们借鉴和模仿。如超市的"送鸡蛋"模式，很多老人每天早上排队领鸡蛋，把超市的人气搞得特别旺，从而吸引更多人进店。虽然鸡蛋不赚钱，甚至还会赔钱，但超市可以通过其他产品得以盈利，一点也不吃亏。该模式在超市行业被普遍运用，效果非常理想。

3. 网络学习

现在，学习的途径和方式越来越多，很多书籍都不用购买纸质版的，上网都能找到电子版。学习的方式也不再仅限于书本文字，还有很多语音、视频学习软件可供选择。在这里，给大家推荐个 App "得到"，里面有大量免费的知识，其中的观点也很值得学习。

4. 培训学习

一位营销大师说过，如果你已经决定要做一件事，那么知识和技能都不是问题，缺什么学习什么就可以了。如果不懂门店人员的管理，那么就多参加各种企业管理课程；如果不懂门店运营，就走出去学习。学习不是一蹴而就的事情，不是今天听了一堂课回来之后就马上实施，获得良好效果。学习是一个慢慢积累厚积薄发的过程。我们需要持之以恒，不停地感悟，不停地实践，最终形成一套自己的理论。这才是学习之道，也是个人能力、境界提升之道。

5. 行业大会

参加多种行业大会，听听专家对某些问题的观点。通过他们的观点，调整门店的运作方案或疾病的治疗方案。参加行业大会就是掌握"风向标"。

二、提升的捷径：和专家交朋友

要知道国家生猪（蛋鸡）产业体系岗位科学家都有哪些。

要知道在育种、疾病、营养、猪场管理方面的专家有哪些。

门店经营专家有哪些。

行业营销专家有哪些。

专家们的所持观点是什么。

门店负责人认知的转变

一、把生意变成事业

做生意是以利益为中心，只要能盈利，方法和手段都不重要，所以商人的眼里只有利益。做事业则不一样，要不计较一城一池的得失，建立自己团队一起朝着既定的目标去奋进。做事业是分阶段进行的，是理性的，是有规划的。

二、从单打独斗到众志成城

兽药行业多是夫妻店，通常是老板工作，老板娘从中协助，整个过程基本是以个人的努力为主。很多经销商早出晚归，一早出门，晚上才回来，中午都不能在家吃。这样的门店一年也就三五十万元的利润，不能再多了。这还是运营较好的，如果在财务上比较弱的门店，一年到头只能赚点货，现金还是平时的周转资金，年复一年始终没有起色。这些门店的老板有一个共同的心声："太累了，什么时间能休息休息就好了！"的确，没有节假日、没有星期天、养殖户随叫随到、24小时开机……所有老板都在做同一个梦——如何才能轻松挣钱？其实，这也并非不可实现的白日梦，只要我们有方法、有思路就能梦想成真！

运作一个企业好比发动一台机器，刚开始转动的那一圈是最费力的，一如我们门店开业的那一年，没有养殖户基础，客户也不认可，技术水平有待提高……所有情况都对我们非常不利，相当于要什么没什么，只剩下一身的蛮劲，那就蒙头大干吧！于是，开始拼命地拜访养殖户，提高自己的知名度，大多数经销商都是从骑着摩托车走街串巷起步的，随后一步一步发展起来。

当机器转到第二圈时，发现比转第一圈时省力多了，那是因为我们有第一圈的基础和惯性，压力变小了，付出和收获开始慢慢趋于平衡。随着一圈一圈的努力、一年一年的积淀，各个方面的条件开始对我们越来越有利。我们要抱有改革的决心，如果能挺过去，那么机器就会自动运转。运作企业也一样。要想企业自动运转，就需要组建企业的发动机。企业的发动机是什么？就是企业的员工。当我们能激活团队，就相当于启动了企业的发动机，企业就会自动运营。作为门店的负责人，要想轻松致富，必须要组建自己的销售团队。

三、由自己会干变为团队会干

一个门店能够发展起来，并存活 5 年以上，那么就说明该门店的老板是一个非常优秀的业务员，能够开疆拓土。但自己会干不是最好的选择，要教会整个团队人人会干。只有团队所有成员都会干了，老板才能轻松，团队业绩才会成倍增长。然而，目前很多老板还是自己撅着屁股干，员工则在一边看。为什么会出现这种现象？员工多了，老板应该可以歇一歇了吧？事情往往正相反，如果不教会员工怎么干，那么员工越多老板越累。

很多老板会感觉员工不如自己干得好，往往不愿轻易放手。比如觉得司机开车没有自己好，时间、距离把握不精准，开车费油，缺乏效率……总而言之一句话——就是不放心！所以出现了这样的怪象：花钱请了个司机，可 60% 的时间是老板自己开车跑外勤。老板自己累不说，司机还抱怨："把我请过来还不让开车，什么意思呀？不想用就说一声，我又不是找不到工作！"更不要说让司机独自去养殖户那里收账了。很多老板会想，能不能收来账倒还是其次，别再把欠条整丢了，到时怎么跟养殖户收账？此外，养殖户根本就不会买司机的账，肯定不会给他钱，而且让他知道得太多，会不会有朝一日另起炉灶来抢我的客户？总之，胡思乱想一通后，老板就更不敢放手了，那就自己累到吐血吧！没有足够的放权，员工就感觉不到信任，自然也不会掏心掏肺、全力以赴地付出、苦干。如此，就陷入了一个死循环，到头来，老板感觉自己养了一群白眼狼，还不如自己干省心。

提升个人能力的七个习惯

一、每天花两三个小时学习行业专业书，并做好笔记；3年后有望成为权威人士；4年后有望成为行业专家；5年后有望成为顶尖级人士。

二、每过一段时间写一遍个人的年终目标，以此来增加完成目标的能量。

三、预先安排第二天的工作，做到有计划、有方法。

四、合理利用时间，当天工作按照先重后轻的顺序完成，并确保每一项工作都能全力以赴。

五、利用碎片时间，全天候学习。

六、每晚抽30分钟反思一天之中做得比较成功的事情，

第八章
思维升级

〉〉

189

并思考那些做过的事情是否还能通过其他方法达成目的。

七、重视每一位客户，把每一个客户都当作影响销售前途的客户对待。

提升技术人员的专业水平

一、日常学习

1. 每天收集案例

技术老师应随时搜集所见到的病例，并整理成文字，做好详细记录，备注治疗方案及后续跟踪情况。连续坚持 3 年以上，对个人技术提高会有很多帮助。

2. 每天定时召开技术交流会

每天由门店负责人将所有技术老师组织在一起，每人分享一下一天中见到的案例，并详细列出解决方案，以便于大家共同提高。

二、参加行业大会

行业营销大会　定期参加行业营销大会，主要看看市场上是否有新的东西出现。

行业技术交流会　定期参加技术交流会，结交技术老师、行业导师、各种专家教授，学习他们的观点和看法。

行业博览会　参加各种行业博览会，了解养殖场养殖设备的情况。

三、参加技术培训班

参加疾病实战研修班，不断提升自己的专业实战技能。

四、建立专属的朋友圈

厂家技术老师　要善于和厂家技术老师学习。这些人走访的门店和养殖场比较多，见多识广，会有一些独特的见解和治疗方案。

行业专家　积极参加行业大会，结交行业专家。

迅速提升业绩公式

我们要记住这样一个公式：业绩 = 团队 × 产品 × 客户！

业绩分为高、中、低三个档次，可分别用 A、B、C 来代表。同理，团队、产品、客户也可分为 A、B、C 三个等级。假如不同团队级别代表的分值为：A 级团队 =10 分、B 级团队 =6 分、C 级团队 =2 分；不同产品级别代表的分值为：A 级产

品 =10 分、B 级产品 =6 分、C 级产品 =2 分；不同客户级别代表的分值为：A 级客户 =10 分、B 级客户 =6 分、C 级客户 =2 分。如果按照以上公式计算，那么结果如下：

A 级业绩 =A 级团队 × A 级产品 × A 级客户 =10 × 10 × 10 =1000；

B 级业绩 =B 级团队 × B 级产品 × B 级客户 =6 × 6 × 6=216；

C 级业绩 =C 级团队 × C 级产品 × C 级客户 =2 × 2 × 2=8。

以养猪行业为例，客户可分为：A 级客户，即大型养殖集团，规模在 30 000 头母猪以上；B 级客户，即 1000~30 000 头母猪场；C 级客户，即 1000 头母猪以下的猪场。产品可分为：A 级产品，即某些进口产品或大品牌产品；B 级产品，即性价比较高的中高档产品；C 级产品，即一些低档产品。

现在，假设我们是一支 C 级团队，那么所卖的产品肯定也是 C 级的，服务的亦是 C 级客户。所谓"C 级团队"就是指夫妻店，找到的客户是散户，规模一般都在 500 头母猪以下或 5 万只蛋鸡以下。散户要的肯定不会是进口或大品牌产品，他们考虑的就是节约成本。所有夫妻店的业绩也就是 C 级业绩。

每个级别所对应的业绩都是对等的，很少出现 C 级团队做出 B 级业绩。有朋友就会说了，既然都是既定好的，我们就没有改变业绩的方法吗？方法肯定有！如果我们是 C 级团队，想要得到 B 级的业绩，唯一的方法就是改变我们的团队。在上述公式内，唯一的变量就是团队。作为 C 级团队，如果卖 C 级产品给 B 级客户，对方自然不买账，毕竟对方是成规模的养殖场，合作的对象也要是对等的。所以，我们必须精进自己的团队，而唯一方法就是提高成员的个人能力。提升个人能力的途径有很多，前文已有诸多描述，这里不再赘述。

假如把我们将团队能力从 C 级培养至 B 级，结果就是：业绩 =B 级团队 ×C 级产品 ×C 级客户 =6×2×2=24。我们只改变了一个参数，可业绩却是原来的 3 倍，即 24÷8=3。同理，如果把团队能力从 B 级培养至 A 级，结果就是：业绩 =A 级团队 ×C 级产品 ×C 级客户 =10×2×2=40。在只改变一个参数的情况下，业绩会是原来的 5 倍，即 40÷8=5。是不是非常可观？

当然，如果团队从 C 级升至 B 级，作为 B 级团队的我们肯定会研发出 B 级产品，进而开发出来 B 级客户。同理，如果团队从 B 级升至 A 级，我们肯定也会研发出 A 级产品，再开发出来 A 级客户。这就是业绩倍增的原理。看似简单，但要切实执行，需要率先考虑一个问题：只有 B 级以上的团队领导才能带出 B 级的团队，要想改变团队，只能先改变领导！

分钱与挣钱思维

一、入股

对员工来说，钱在哪里，心就在哪里。不妨让员工占有一定比例的门店股份，这会对他们的心态调整起到意想不到的效果。但若设计不好，则会起到反作用。因此，如何设计股份，让员工把心放在门店上，就成为一个值得研究的话题。

对于工作 1 年以上的老员工，我们可以采取第一年年底入股 1 万元、第二年年底连本带利分 2 万元的策略；第二年年底再入 2 万元，3 年后可以连本带利分 6 万元。为什么要这样设计呢？如果鼓动工作 1 年以上的员工入股，很少有人会主动入股。对于那些愿意入股的，第一年可以先入 1 万元，1 年后变成 2 万元，以此取得员工的基础信任，打消他们的顾虑。如果有人入了，有人还在观望，先不去管，年终会上一定要当场兑现，连本带利地分 2 万元现金给那些入股的员工。春节后第一件事就是对那些愿意入股的员工承诺，自愿入股 2 万元的，3 年后可以连本带利分到 6 万元。

这样鼓励员工入股的方法好处有三：一是让员工全心全意为公司服务至少 3 年；二是年底不用再发奖金；三是不用再监督员工工作，因为他们是为自己工作。

二、对赌

在设定月度目标时，可以利用对赌的模式进行。例如这个月的销售任务定为 100 万元，一共 10 个员工，每人拿出 1000 元，如果任务完成了，每人奖励 3000 元；如果任务完不成，则这 1000 元由门店收走。目的是保障所定目标保质保量地完成。

三、目标明确，标准清晰

人生在世，一定要有一个明确的目标和方向。目标与方向主导着我们的命运与成就，它是驱使人生不断向前迈进的原动力。若一个人心中没有明确的目标，就是在虚耗精力与生命，如一个没有方向盘的超级跑车，即使拥有最强有力的引擎，最终仍不过是废铁一堆，发挥不了任何作用。

对于那些尚无核心品牌的兽药企业，当务之急就是——改变！未来兽药企业数量肯定会缩水，经销商势必要选择那些能幸存下来的兽药企业，品牌兽药企业本身便成了稀缺的资源。

那些用心经营的专营商会认准某个知名兽药品牌，并与该企业携手在某个区域内把该品牌做大、做强、做深、做精，做到30%以上的市场份额，从而成为"小池中的大鱼"，如此方能形成独有的核心竞争优势，提升自身的议价能力。

合理布局厂家

一、大品牌企业

1. 数量

门店内大品牌企业数量一般以两三家为宜，不超过3家。其中以一家产品为主，其他两家为辅。

2. 产品

这些企业的竞争核心还是放在一些常规产品的工艺和技术上。他们的价格一般比较高，疗效比较稳定。在选择产品上，要选择这个厂家最具优势的产品，其他产品尽量少进。

3. 利润

这类厂家的产品品牌知名度高，利润也比较透明，走的大多是打预付款给返点的策略，销量虽大，但利润比较低。这些产品的作用就是门店和养殖户的一个桥梁，如果养殖户想用该厂家的某个产品，厂家会让他直接和经销商对接。虽然利润不高，但是可以保障我们不丢失客户。

4. 客户

对于大型养殖场来说，稳定大于天！所以，他们对所选产品的质量要求非常高，属于典型的品质型客户。这类产品就是一个敲门砖，一旦养殖户使用了我们的产品，就有机会给他推荐保健品。

二、治疗型企业

1. 特点

这类企业一般有一个特点，即治疗某种疾病时，常有疗效非常独特的产品，虽然不是特效药，但也能达到立竿见影的效果。

2014 年，某省地区蛋鸡流行性感冒非常严重，发病的蛋鸡产蛋量严重下降。很多门店使出浑身解数都无法取得明显的疗效。该省李总处有一个产品专治蛋鸡流行性感冒，正好有个厂家的业务员找到他，说这个产品治疗当下蛋鸡的流行性感冒效果非常理想。李总就试验了5家，效果确实比较明显，治愈率基本上可以达到100%。短短3个月的时间，李总在该地区共治愈110多家厂的蛋鸡，单这一款产品的销售额就高达130多万元。而且李总治病的水平也被养殖户传得神乎其神，一下子成为当地"治疗蛋鸡疾病第一人"。后来，凡是别人治不了的疾病都会找李总来看。

2. 精品

切记！选择这些企业的产品时，只做精品！只选有独特疗效的产品，其他产品不要进货太多。现在经销商的仓库中，货物堆积得都比较多，最大原因不是厂家不讲究，而是经销商自己缺乏原则，对产品没有筛选，全部进过来，结果用不掉，最后赚来的利润全部变成一堆卖不出去的产品。

3. 预算

针对这些有独特疗效的产品，并不需要一次性进量太多，而要有计划、有预算地进货。畜禽发病是具有季节性的，不同季节的发病情况都不一样，要根据发病情况，预估进货数量。如今物流也比较发达，产品基本很快都会到我们手里，因而进货的原则是少进、勤进。

三、模式型企业

1. 借力

门店运营过程中，除了在看病方面要有疗效独特的产品，还要关注一些公司的运作模式。这些运作模式有快速启动市场、提升销量、稳定客户的作用。选择这些厂家的产品不是因为他们有多好，而是他们有好的运作模式。

每个公司在开发一个新市场时，都会选择性地投入一定的费用和成本，而门店一定要抓住机会，在企业想进入这个市场时，充分利用公司的费用、人力、物流等资源，这样既可以节约门店的费用，又可以快速地增加销量。

做生意在乎的是利润，哪个厂家能帮我们赚到钱，哪个就是我们的战略伙伴，而不是哪个企业和我们合作的时间长，哪个才是我们的核心。时代在变，社会在变，不是我们没感情，而是要适应市场的变化。

2. 学习

模式型公司的营销模式在整个市场一旦推广开来，效果必定会非常理想。合作初期，很多费用都是公司出的，其利益是最小化的。这些公司为获得更多利益，会在市场推广稍有起色后就不再支持了，所以在和这些企业合作时，我们一定要学会他们的操作模式，当厂家人员撤回时，我们也可以利用这种模式继续运作。

四、疫苗企业

1. 选优

每个疫苗厂家都有自己独特的疫苗品种，在选择疫苗厂家时，要选择他们最优的产品。

2. 品牌

要选择有品牌的疫苗厂家。

3. 流行

在不同的地区，养殖户对疫苗厂家的认可也不同。有些疫苗品牌驰名全国，在某些地区却不一定能得到认可。所以，要选择当地养殖户认可的品牌。

五、科研型企业

科研型企业的产品都是高精尖产品，它们起到的就是一个灯塔的作用。在邀请大型养殖场老板参加游学会时，可以到这类厂家去参观。

如何管理厂家业务员

一、时间

经常有经销商朋友反映说："这些厂家业务员也真是的！月底月初一个都看不见，一到月中一天能来好几个，扎堆出现，让人很烦！找他们的时候，一个都找不到；不找他们的时候，全都蹦出来！"这确实让人挺反感的。作为经销商，我们不妨这样安排："张三，你每月 1~5 日过来；李四，你每月 6~10 日过来；王二，你每月 11~15 号过来；赵四，你每月 16~20 号过来；黄五，你 21~25 日过来。"如此一来，这五个厂家的业务员天天都有一个人在你这里盯着。

二、工作

1. 节约交通工具

厂家业务员一般都有自己的车，油费大多由厂家报销。所以，每天有一个业务员在门店，相当于门店又多了一名员工，而且是一个非常能干的员工。但如果利用不好，那么厂家的业务员除了要钱，就是发货。

2. 开会

凡是有业务员在的时间，都可以组织养殖户到门店参加圆桌会议。业务员的口才一般都比较好，索性安排他们讲讲课，促销时就卖他们家的产品。

三、管理

1. 吃住

业务员一般都有出差补助，但基本上不太够用。门店可以给他们安排好住宿的地方。在门店工作期间，吃住问题由门店解决，这样为业务员节约了费用，他们也乐意来这里帮忙。

2. 标准一致

对厂家的业务员要按照门店员工的标准进行管理，每天定时开晨会、晚会，工作积极就表扬，工作落后就批评。

借助厂家做各种活动

一、费用

一个新品进入市场，每个厂家都是有预算的，甚至要拿出产品的前期利润作为推广费用。那么对于经销商来说，我们只要做好配合就行，不仅节约费用，还能达到预期的效果。

2016年10月，某动物药业有限公司开始进行产品的实验与推广。到2017年3月，为验证产品效果，厂家就投入了3万瓶，光是试用费就花掉了300多万元，加之选择的都是千头以上的猪场，人际关系处理费用、员工投入费用等都是非常高的，这些算下来也要100万元左右。2017年9月召开新品上市发布会，要求到会客户500人，每人所需费用按3000元（往返路费＋两天吃住＋旅游）计，又投入了150万元。产品上市后，以会议营销为主，预计2017~2018年一年多的时间进行会议营销200场次，每场的会议费用按3万元计算（不含产品促销），共计600万元。这么看，一个新品上市需要投入市场验证费 300 万元、验证人员工资费用 100 万元、新品发布会 150 万元、会议营销费用 600 万元，合计 1150 万元。如果经销商能掌握这一信息，那么既可得到市场，又不用投入资金，只需投入人力成本，相当划算。

二、授课专家

门店在行业专家眼中就是个体户，所以很多门店老板要求专家授课时，专家一般都不愿意答应，并非钱多钱少的问题，是怕同行笑话。鉴于这种情况时有发生，专家都不太愿意接受门店的邀请。但对于厂家来说就不一样了：第一，很多专家本身就是某企业的顾问；第二，即便是去门店授课，他的身份仍是某企业的顾问；第三，企业出得起优渥的讲课费用。所以，要借助厂家的授课专家，做好技术讲座。

三、团队

要学会借助公司的销售团队。前面讲过如何管理厂家的业务人员，这是一种方法；另外，我们在做会议营销时，要学会借助厂家的销售团队来加强自己的影响力。

2017 年 1 月 8 日，某门店开业 5 周年店庆，邀请养殖户参加在当地酒店举办感恩回馈活动。门店虽然也有 20 多个员工，但对于会销方面都不太专业，负责人索性就借势而为：

门店当时合作了 9 个厂家，他就要求每个厂家的销售部经理或总经理必须有一人到场。会议当天，现场去了近 300 个养殖户，厂家人员有 30 多人，再加上门店的 20 多人，让会场的声势、气势都非常振奋人心。负责人在讲话时显得慷慨激昂："请广大养殖户朋友们放心，我们店不是一个人在战斗，是有十几个大品牌企业做后盾，有上百名专家组成的团队为我们做保障，有十几个营销团队为我们做后勤！"语毕，请厂家代表全部登台，30 多名人员统一西服革履，给养殖户的视觉震撼力很大。经过这次店庆，很多养殖户对该门店印象深刻，好感度倍增。他们中的很多人都是通过此次店庆了解了这家店铺和他们所售卖的产品，并亲眼见识了门店的实力，更愿意在这里购买产品。这次店庆设计得非常成功，现场订货额就高达 130 万元。

　　这就是借助厂家团队的力量。很多时候，养殖户看到的就是几个下去送药的司机，经销商就算做得风生水起，在养殖户心目中就是一个个体户，上不了台面儿。但当他们看到我们强大的团队阵容时，会彻底颠覆过去的认知："啊！这个门店不一般，最起码和其他门店不一样，人家是实力雄厚的！"事实胜于雄辩！自我宣传得再多，不如让养殖户眼见为实，看到我们的阵容和实力。只有他们切实感受到了才会相信，进而采取行动，心甘情愿地选择我们的门店。

四、政策

要善于掌握行业趋势，把握厂家的政策。早几年前，门店跟厂家谈的就是能给多少个返点。如今，这样的时代已一去不复返了，给多少返点都没有意义，只有把货卖出去才是王道！目前，稍微大一点的厂家已经开始转变，把给客户返点变为和经销商一起开疆拓土，共同打造一个区域市场。

作为门店的经营者，我们一定要从旧有观念中转变过来，要时刻牢记：拥有返点不如拥有市场！和厂家一起打造一个属于自己的王国，形成竞争壁垒，让其他同行没有赶超的机会。

运营超级门店的六个基本点

门店运营的六个基本点，即门店实体、门店团队、市场运作模式、门店运营资金、门店产品、门店企业文化。所有门店若遵循这六点，就有可能实现企业化运作，做成百年老店！

没有门店做不稳

一个没有门店的经销商相当于一片没有载体的云朵。不论开发多少养殖户、销量多么大，最终还是缺乏根基的，所有销量都是昙花一现。开发新客户时，对方问的第一句话就是："你的门店在哪里？"

建立门店的好处如下：

能够开店，说明经营者本人具有一定经济实力，在养殖方面拥有自己的解决方案，值得信赖。在养殖户尚未接受你个人的技术之前，有一个门店还是能给别人一定信任感的。

如果能有独立的门店，养殖户会觉得让我们看病或从店里拿药会有售后保障，假如出了问题也能投诉有门。

设立门店证明我们想把生意做得更长久，而不是一时兴起。

门店让我们产生强烈的归属感，自觉是有组织的人。

没有团队做不强

门店的运营过程中，最核心的部分就是销售，而销售是由人做出来的，企业与企业之间的竞争归根结底是人才的竞争、是团队的竞争。没有团队，企业是很难发展起来的。所有门店若想发展壮大，始终离不开团队的支持。在一个兽药夫妻店中，夫妻二人最多可以管理150个客户，而每增加1个技术老师，则客户数量可增加100个，那么增加10个技术老师呢？这个效果就非常明显了。

凡是年营业额达到1000万元的经销商，其门店内的人员数量不会低于10人；年营业额达到2000万元的经销商，团队人数不会低于20个，甚至更多。门店要做大做强，必须要建立自己的销售团队。

没有模式做不快

任何一个门店要想快速发展都离不开好的模式支撑。而门店在选择模式时务必谨慎，首先要考虑这种方式是否适用于门店。目前，畜牧兽药销售行业还是以传统的跑市场为主，采用的是人海战术。当下也有很好的模式被使用，如会议营销模式、加盟店模式、顾问式营销模式、旅游营销模式、社群营销模式等。

凡是利用模式营销的，不论组织能力强弱，都能收到一定的效果。我们不妨思考一下，在没有经验的情况下，以上模式都能收到一定效果，那么能不能静下心来研究一下这些模式？只要把一种模式研究透彻，运用到位，就会取得不菲的业绩。之前的兽药销售模式都是靠门店负责人一刀一枪拼出来的。随着时间的积累，客户群也会慢慢沉淀下来，门店的销量也会逐渐增加。但最近几年的销售情况却打破了这种靠时间积累客户的传统状态。一些门店通过运用一些比较好的模式在短短几年就做成行业翘楚，年销量达到千万元以上，更有甚者成功实现了公司化运作。广东某企业在起步时不过是一个兽药门店，截至 2018 年年底，其年营业额已高达 8000万元以上。

没有资金做不大

门店同企业一样，一个企业需要自动运营，而不是靠老板在后面推着。当实现自动运营后，整个企业才会进入良性循环，才能长久不衰。当门店运营到第四个阶段，即公司化运营阶段，就需要有大量资金的注入，可以以企业员工的入股形式，也可以是社会闲散资金的加入，还可以利用客户的预付款等。总而言之，企业想做大做强，必须有雄厚的资金作为基础。

没有文化做不久

从小的方面来说，一个门店就如一个家庭；从大的方面来说，一个门店可以看作一个国家。在家庭中，孩子的思想会受家风的影响，如果父母为人豪爽、乐善好施、遵纪守法，那么孩子有样学样，一定差不到哪里去。那么，为人豪爽、乐善好施、遵纪守法就是这个家的家庭文化。企业也一样，门店是凭借哪一点做起来的，我们便以此为基础，将之凝练成一种风气，进而形成一种文化。这种文化类似一盆麻辣火锅，不管进来多少新人，都会在这种文化的熏陶下形成统一的行事风格。有了这种文化和精神，企业才能基业长青！

没有好产品，就没有好企业

好产品是一个企业的灵魂！比如阿里巴巴，虽然做的是电商，但其最了不起的产品其实是支付宝；比如腾讯，如果没有微信，它也不会远远领先其他竞争对手；还有泰康保险，其核心竞争力也是靠好产品一步步发展起来的。

　　有些企业家朋友遇到各种不顺、挫折，会抱怨电商冲击、渠道不顺、市场不好。但我想说的是，其实是你的产品出了问题，没有好产品，怎么做一个好企业？